Eli Bosch
**WENN BLAUES LICHT DIE NACHT ERHELLT –
KEIN TAG WIE EIN ANDERER**

Eli Bosch

WENN BLAUES LICHT DIE NACHT ERHELLT –
KEIN TAG WIE EIN ANDERER

Das Werk, einschließlich seiner Teile, ist urheberrechtlich geschützt. Für die Inhalte ist der Autor verantwortlich. Jede Verwertung ist ohne seine Zustimmung unzulässig. Die Publikation und Verbreitung erfolgen im Auftrag der Autorin, zu erreichen unter: tredition GmbH, Abteilung ›Impressumservice‹, An der Strusbek 10, 22926 Ahrensburg, Deutschland.

© 2023, Eli Bosch · elibosch-polizeieinsaetze.de
Satz u. Layout/e-Book: Gabi Schmid · BÜCHERMACHEREI · buechermacherei.de
Lektorat: Ursula Hahnenberg · BÜCHERMACHEREI · buechermacherei.de
Covergestaltung: Vanessa-Bianca Rath
Bildquellen: Cover: Autorin, Seiten 103–108: Christian Butt Film- und Fotojournalist, Obernstr. 47a, 28832 Achim

Druck und Distribution im Auftrag des Autors:
tredition GmbH, An der Strusbek 10, 22926 Ahrensburg, Germany

ISBN Softcover: 978-3-347-82998-5
ISBN Hardcover: 978-3-347-83003-5
ISBN E-Book: 978-3-347-83004-2

Wer von euch hat schon einmal darüber nachgedacht, Erlebnisse in Worte zu fassen und niederzuschreiben?

Es ist schwierig einen Anfang zu finden.

Doch wenn man seinem Herzen folgt, zielstrebig vorangeht und seinen Gefühlen freien Lauf lässt, dann muss man nicht den richtigen Weg finden, sondern dann findet der Weg dich!

Inhaltsverzeichnis

Prolog	9
Mein Weg zur Polizei	10
Fahrzeuge wie Flugzeuge	15
Auf der Suche nach Popcorn	22
Pech gehabt!	35
Beschwipste Post	42
CARfreitag	55
Die Welt von oben	69
Verbrenn dich nicht!	76
Brötchen für alle	85
Aktion mit Geschwindigkeit	92
Wer liebt, der schiebt	109
Ein dickes Ding	117
Mitternacht	127
Ab geht die Wurzel	140
Auf ein Bier	149
Auf Messers Schneide	154
Ausgetrickst	163
Überwacht	171
Freaky Friday	181
Schlusswort	193
Danksagung	196
Anlage	197

Prolog

Die Menschen in blauer Uniform – das sind wir.

Immer dann, wenn jemand in Not gerät, versuchen wir zu helfen, Lösungen zu finden und die Sorgen zu nehmen. Wir haben uns diesen Beruf ausgesucht, weil wir es lieben, für andere da zu sein und Gutes zu tun. Das heißt nicht, dass wir gelegentlich nicht mit Ängsten oder anderen Emotionen zu kämpfen haben. Es gibt Einsätze, da ist die Belastung sogar sehr groß und mentale Stärke ist wichtig, um handlungssicher und fehlerfrei zu arbeiten.

Wir sind keine Helden in Blau, wir sind nur Menschen. Menschen wie du und ich. Menschen, die ihren Job ausüben, wie Millionen tagtäglich. Es existieren viele Vorurteile über das Wie und Was unseres Handelns. Die Zahl der Schubladen, in die wir gesteckt werden, ist vermutlich unendlich. Mag sein, dass viele Filme und Fernsehserien das falsche Bild der Polizei stärken. Wir versuchen unser Handeln so transparent wie möglich zu gestalten, um Verständnis zu erwecken. Ich bin davon überzeugt, wir werden niemals alle erreichen. Es wird immer Gegner, Cop-Hasser oder Unruhestifter geben.

Aber ich möchte an dieser Stelle anmerken, dass es immer sowohl einen Grund als auch eine Rechtsgrundlage für polizeiliches Handeln gibt und geben muss. Im Gespräch lassen sich Missverständnisse und Unverständnis aus der Welt schaffen. Denn wie sagte Wilhelm von Humboldt schon: »Sprache ist der Schlüssel zur Welt.«

Ja, mehr sogar, Sprache ist unsere größte Waffe.

Mein Weg zur Polizei

Nennen Sie drei Eigenschaften, die Sie am besten beschreiben!
Eifrig, offen, unvoreingenommen und ehrlich.
Oh, das waren jetzt sogar vier.
Wer kennt ihn nicht, diesen Satz? Einige Menschen bekommen da tatsächlich Probleme, die passenden Adjektive zu finden. Ich nicht, obwohl ich mir diese Eigenschaften nicht schon immer zugeschrieben hätte. Gerade im Teenager-Alter hätte ich mich vermutlich selbst als stilles Mäuschen bezeichnet.

Aufgewachsen bin ich da, was manche als Osten und andere als Mitteldeutschland bezeichnen. Also ein waschechter Ossi. Soweit ich mich erinnern kann, hatte ich eine ganz normale Kindheit. Mit Kindheit meine ich, bis man langsam flügge wird und anfängt, die Welt anders zusehen. Meine Eltern reisten viel mit mir. Ein Sommer bedeutete für mich immer ab ins Warme. Bis heute liebe ich das Reisen und kann überhaupt nicht verstehen, wie manche freiwillig ihren Urlaub lieber damit verbringen nichts zu machen. Mir wurde früh beigebracht, dass man sich Erfolg verdienen muss, wofür ich noch heute dankbar bin. Ich kenne Menschen, die Anstrengung aus dem Weg gehen, anstatt sich ihr zu stellen.

Als ich älter wurde, schwächte das gute Verhältnis zu meinen Eltern ab. Ich weiß nicht, woran es lag, aber an meiner schulischen Leistung schon einmal nicht. Ich war nie der Lerntyp, aber das musste ich zum Glück nicht sein. Meine Schulnoten waren immer sehr gut, obwohl ich wenig Zeit ins Lernen investierte. Aber eben genau sowas bringt leider Schattenseiten mit sich. Relativ schnell wurde mir der Streberstempel aufgedrückt. Hinzu kamen kleine Streitigkeiten mit Mädels, die an der

Schule angesehen waren, und auf einmal stand ich als Außenseiterin da. Ab da gab es zwei Optionen. Entweder sie lassen dich in Ruhe und du kannst einfach dein Ding machen oder du wirst beleidigt und ausgegrenzt, da deine Anwesenheit schon zu viel ist. Bei mir war letzteres der Fall. Es wurde zum Alltag, dass mir Sachen weggenommen wurden, Leute sich abwandten, wenn sie mich sahen, oder ich mal geschubst wurde. Mobbing an Schulen ist keine Seltenheit, lernte ich später. Richtig eskaliert ist es zum Glück nie. Ein Ende fand das Ganze, als meine Eltern sich an die Polizei wandten, und eine Psychologin ein klärendes Gespräch mit der Klasse und mir führte.

Wenn ich zurückdenke, habe ich unter dieser Zeit nicht groß gelitten und den Fokus auf mein Leben gesetzt. Doch meine damalige beste Freundin nahm der Druck sehr mit. Der Druck, dem sie als eine von zwei Freundinnen, die ich damals hatte, ausgesetzt war. Bis heute tut es mir unendlich leid, dass auch ihr Leben dadurch beeinflusst wurde. Doch heute wissen wir beide, wo wir stehen, dass wir starke Frauen sind, und all die, die uns nie etwas zugetraut haben, hinter uns gelassen haben.

Es mag komisch klingen, doch ich glaube, dass nichts im Leben ohne einen Grund geschieht. Heute würde ich sagen, vermutlich war es Bestimmung, dass diese Zeit mein Selbstbewusstsein stärken und mich zu dem Menschen machen sollte, der ich heute bin. Vorher war ich eher ruhig, habe viel gedacht und wenig gesagt, was für meinen jetzigen Beruf nicht vorteilhaft gewesen wäre. Heute bin ich die, die als erstes den Mund aufmacht, und kein Problem hat, ihre Meinung kundzutun. Trotzdem ist Mobbing absolut unschön und ich wünsche es keinem. Nicht jeder kann damit so umgehen, wie ich es getan habe.

Die letzten Jahre an der Schule verliefen ohne Zwischenfälle. Ich wechselte nach der 10. Klasse und machte mein Abitur. Da hatte ich mir das Ziel schon gesetzt, später eine berufliche Karriere in Richtung Polizei einzuschlagen. Nach dem Abitur beschloss ich, mein Umfeld zu wechseln und von Zuhause wegzugehen. Mich trieb es raus aus den wohlbehüteten vier Wänden und hinein in etwas komplett Neues.

Ich wollte endlich mein eigenes Leben gestalten, mir etwas aufbauen, um am Ende stolz darauf zu sein, was ich erreicht hatte. Mir war schon immer klar, dass, wenn ich meine Heimat nicht verlasse, ich im Leben nicht vorankommen würde. Vielleicht macht es Menschen glücklich, ein Leben lang an einem Ort zu verweilen, aber meine Art zu leben war das nie. Ich wäre die letzten Jahre nicht glücklich gewesen und Glück ist meiner Ansicht nach eins der höchsten Güter im Leben. Menschen, die mit sich selbst zufrieden sind, strahlen diese positive Einstellung auch nach außen hin aus. Sie besitzen Willensstärke und sind bereit, für ihre Träume zu kämpfen.

Nun wollte ich meinen Traum, Polizeibeamtin zu werden, verwirklichen. Mir war nicht wichtig wo, sondern nur eines Tages diesen Beruf ausüben zu können. Mit meinem Abitur konnte ich mich im gehobenen Dienst an Polizeiakademien in unterschiedlichen Bundesländern bewerben. Der mittlere Dienst kam für mich nicht in Frage. Die Einstellungstests waren kein Problem. Die intensive Vorbereitung hatte sich ausgezahlt. Am Ende entschied ich mich für das zweitgrößte Bundesland, wo ich nach dem Bewerbungsgespräch eine Direktzusage erhalten hatte. Damit war mein Neuanfang gesichert. Mein neues Zuhause sollte in Norddeutschland sein.

Es folgte ein dreijähriges Studium, das von Höhen und Tiefen sowie dem ganz normalen Wahnsinn geprägt war. Es gab Prüfungen zu bestehen und praktische Trainings zu absolvieren. Es wurden Schieß- und Fahrtrainings durchgeführt, nebenbei wilde Blaulichtpartys gefeiert und neue Kontakte geknüpft. Es entstanden einige Freundschaften, aber natürlich gab es auch Begegnungen, auf die man hätte verzichten können.

Doch drei Jahre gehen schnell vorbei. Zu schnell, um sich mit solch unnützen Dingen zu beschäftigen. Nach den drei Jahren Studium stand die Versetzung auf eine Dienststelle an. Meinem Wunsch, mich in die Bereitschaftspolizei zu stecken, wurde leider kein Gehör geschenkt, sodass ich im Streifendienst landete.

Hier bin ich nun und möchte von meinen Einsätzen und Erlebnissen berichten, die sich bisher in meinem Polizeialltag zugetragen haben. Ich möchte mir fremden Menschen die Möglichkeit geben, zu erfahren, was wir in unserem täglichen Job leisten, womit wir konfrontiert werden, und dass ein Polizist auch nur ein Mensch ist. Denn unter jeder Uniform steckt ein Körper mit Empfindungen und Gefühlen. Diese Erkenntnis zu gewinnen, halte ich für sehr wichtig.

Natürlich sind die Namen der hier genannten Kollegen Pseudonyme und ich werde nichts über interne Abläufe erzählen oder Orte benennen. Alles, was eben notwendig ist, um meine Kollegen sowie die Arbeit der Polizei zu schützen. Ich hoffe, das lässt sich nachvollziehen. Dennoch möchte ich darauf hinweisen, dass die Ereignisse sich so zugetragen haben, wie sie von mir beschrieben werden. Es sind nicht immer nur schöne Erlebnisse dabei, sondern auch traurige, die mir in Erinnerung geblieben sind.

So ist das Leben. Man kann sich den Einsatz oder dessen Ausgang nicht aussuchen, aber man muss einen Weg finden, mit allem klarzukommen.

Die ersten Wochen auf dem mir zugewiesenen Kommissariat verstrichen unglaublich schnell. Es war genau das, was ich mir immer vorgestellt hatte. Meine Trauer, dass ich es nicht in die Bepo, wie die Bereitschaftspolizei bei uns genannt wird, geschafft hatte, hielt sich in Grenzen.

Am Anfang gab es viel Neues zu lernen und es war schwierig, einige Dinge wieder in den Kopf zu bekommen. Die ersten Praxiserfahrungen hatte ich im Praktikum gesammelt, das zum Zeitpunkt des Abschlusses aber schon eineinhalb Jahre zurücklag. Wer dieses Konzept so durchgewunken hat, weiß der Teufel. Sinnvoll finde ich es jedenfalls nicht, da gefallen mir die Studienabläufe in anderen Bundesländern besser. So entfiel mir der ein oder andere Buchstabe des Buchstabieralphabetes, meine ersten Verkehrskontrollen forderten meine volle Aufmerksamkeit und Ordnungswidrigkeiten zu erkennen, war gar nicht so leicht.

Das Gefühl, Anfänger zu sein, war also auf jeden Fall vorhanden. Um die Einarbeitung zu erleichtern, wurde mir für die ersten Monate ein Anleiter, von einigen auch Bärenführer genannt, zugeteilt. Dieser unterstützte mich und half mir dabei, die Abläufe schneller kennenzulernen.

Fahrzeuge wie Flugzeuge

Meine liebsten Schichten sind die Spätdienste. Die wenigsten meiner Kollegen teilen diese Meinung. Sie meinen, dass dann der gesamte Tag der Arbeit zum Opfer fällt und für private Aktivitäten keine Zeit mehr bleibt. Aber was bringt es mir, um 14:00 Uhr zuhause zu sein, todmüde und völlig neben der Spur? So ergeht es mir bei Frühdiensten und es ist kein schönes Gefühl, wenn du so müde bist, dass du dich krank fühlst. Außerdem ist es doch bewiesen, dass man unausgeschlafen nur halb so konzentriert und motiviert arbeiten kann. Und dass jemand absolut fit und munter zum Frühdienst erscheint, habe ich auch noch nicht erlebt.

Vorgänge lagen nicht mehr auf meinem Schreibtisch. Paul, meinem Streifenpartner für heute, ging es genauso, und so konnten wir den Dienstwagen besetzen und rausfahren.

So bezeichnet die Polizei das Streife fahren. Ich freute mich, die nächsten sieben Stunden mit Paul zu verbringen. Er war schon länger bei der Polizei, aber immer noch motiviert wie am ersten Tag. Mit seinen ca. 1,85 m brachte er ein paar Kilos zu viel auf die Waage, doch darauf war er stolz. Dieser dufte Typ mit Glatze und schiefem Schneidezahn hatte stets einen frechen Spruch auf den Lippen. In ernsten Situationen war er jedoch an Kompetenz nicht zu übertreffen. Wenn du mal einen Rat benötigst, dann bist du bei ihm goldrichtig, vorausgesetzt, du erträgst die Wahrheit. Wir entwickelten eine gute Freundschaft über den Dienst hinaus. Er verkuppelte mich sogar mit meinem späteren Freund, der auch sein Freund war, doch leider sollte das nicht ewig halten.

Wir gelangten an eine Bundesstraße und parkten den Streifenwagen so, dass wir einen Blick auf den fließenden Verkehr werfen konnten. Wir hatten die Personen in den Fahrzeugen gut im Blick und waren bereit für alles, was der Nachmittag so brachte.

Es dauerte keine fünf Minuten und ein grüner Passat mit drei Personen zog unsere volle Aufmerksamkeit auf sich. Doch das Auffällige waren nicht die Personen im Fahrzeug, sondern das Fahrzeug an sich. Ich musste direkt an die dreißigminütige Flugzeugszene aus meinem Lieblingsfilm denken. Hier konnte man während der Actionszenen auch den Startvorgang des Flugzeuges verfolgen. Dieser Teil des Filmes stand übrigens damals stark in der Kritik, aufgrund der Langwierigkeit eben jenes Startvorganges. Wie dem auch sei, ich mochte den Teil trotzdem. So ähnlich musst du dir dieses Fahrzeug vorstellen: Das Heck schleifte fast auf dem Boden und die Front ragte nach oben. Es glich einem Wunder, dass das Heck keine Funken auf dem Boden schlug.

»Hast du das gesehen?«, fragte ich ungläubig.

»Ja, na, ich bin ja nicht blind«, kam es von Paul zurück und ich konnte mir ein Grinsen nicht verkneifen.

Wir beschlossen, das Fahrzeug einer Kontrolle zu unterziehen, um uns das Ganze ein wenig genauer anzuschauen.

Ich lenkte den Wagen auf die Straße und gab Gas. Ziel war es, das Fahrzeug einzuholen und an der nächstbesten Möglichkeit anzuhalten.

Das Fahrzeug fuhr nicht mit sonderlich hoher Geschwindigkeit, dadurch war es nur eine Sache von Minuten, bis wir es eingeholt hatten. Ich setzte zum Überholvorgang an und ordnete mich vor dem Fahrzeug ein. Durch einen Knopfdruck aktivierten wir ›BITTE FOLGEN‹ und gaben dem Fahrzeugführer damit zu verstehen, dass wir eine Verkehrskontrolle durchführen wollten. Ich lotste das Fahrzeug zu unserer Dienststelle, die sich zufälligerweise auf der Strecke befand. Nachdem das Fahrzeug zum Stillstand gekommen war, stiegen wir aus und näherten uns. Es war ein VW Passat älteren Jahrgangs. Ich schätzte Baujahr 2000, aber sicher war ich mir nicht, ohne eine Suchmaschine zu benutzen. Der Zustand des Fahrzeugs sprach für sich. Im tannengrünen Lack waren einige Kratzer und Beulen von vergangenen Unfallschäden zu erkennen. An der Fahrertür hatte sich leichter Rost gebildet. Jeder Schrotti hätte sich vermutlich gefreut. Dafür war aus der näheren Perspektive nicht mehr so auffällig erkennbar, dass das Fahrzeugheck durchhing.

Im Fahrzeug befanden sich drei Personen. Der Fahrer, sein Beifahrer und hinten auf der Rücksitzbank saß eine weitere Person. Alle waren männlich und mit einem Blaumann bekleidet, alle im mittleren Alter und sie wirkten ein wenig überrascht von der Verkehrskontrolle. Vermutlich gehörten sie zu den Menschen, die in ihrem Leben nur ein einziges Mal das Glück oder auch Pech haben, durch die Polizei kontrolliert zu werden.

»Guten Tag. Eine Verkehrskontrolle. Einmal bitte den Führerschein und Fahrzeugschein«, bat ich den Fahrzeugführer. Er war ein Mann mittleren Alters, wie es schien, der jüngste in der Truppe. Mit klobigen ungewaschenen Händen händigte er mir die gewünschten Dokumente aus und schaute mich gespannt an.

»Wo kommen Sie gerade her?«, fragte ich und spähte ins Fahrzeug.

»Wir haben etwas für den Kollegen, der hier auf der Rücksitzbank Platz genommen hat, abgeholt und nun sind wir auf dem Heimweg. Wir haben noch drei Stunden Fahrt vor uns. Unser Heimatort liegt etwa 250 km südlich von hier.«

Ich warf einen Blick auf die Rücksitzbank. Der Mann wirkte ein wenig hibbelig. Im Gegensatz zum Fahrer hatte er bereits grau untersetztes Haar und davon gar nicht mehr so viel.

»Okay. Und wer ist Ihr Beifahrer, wenn ich fragen darf?«

Der Mann auf dem Beifahrersitz, dessen Gesicht einem Pfannkuchen glich und auf dessen Nase eine dicke Brille thronte, antwortete: »Ich wohne mit ihm zusammen in einer Doppelhaushälfte.«

Diese Aussage überraschte mich, weil die beiden gar nicht nach einem Pärchen aussahen. Aber natürlich hatte ich mein Pokerface aufgesetzt und ließ mir nichts anmerken. Insgesamt war es merkwürdiges Trio, wo die sich wohl kennengelernt hatten?

»Ich möchte Ihnen natürlich den Grund für die Kontrolle mitteilen«, gab ich stattdessen von mir. »Ihr Fahrzeug wirkt im hinteren Bereich ein wenig überladen. Dürfte ich bitte einen Blick in den Kofferraum werfen?«

»Natürlich. Das ist gar kein Problem.«

Nicht gerade elegant schälte sich der Fahrer aus seinem Sitz und begab sich Richtung Kofferraum. Die beiden anderen stiegen ebenfalls aus.

Es ist mir übrigens bis heute schleierhaft, wieso bei einer Verkehrskontrolle, sobald man von einer Person etwas verlangt, alle Fahrzeuginsassen aussteigen. Obwohl es auch Menschen gibt, die uns fragen, ob sie während einer Kontrolle aussteigen dürfen. Natürlich dürft ihr, aber warum wollt ihr?

Die Kofferraumklappe wurde geöffnet. Wie aus einer Schatztruhe, die sich vor uns auftat, glänzten Paul und mich mehrere kupferfarbenen Rohre von etwa einem Meter Länge an. Die Anzahl war nicht abzuschätzen. Der gesamte Kofferraum war voll. Absolut nicht verwunderlich, dass das Fahrzeugheck fast auf dem Boden schleifte.

»Wow«, entfuhr es mir.

Das Fahrzeug musste total überladen sein. Wie konnte man bitte nicht merken, dass ein solcher Transport so nicht funktioniert? Nun ja, sie machten mir nicht den Eindruck, als seien sie die hellsten Kerzen auf der Torte, aber trotzdem musste das Vorwärtskommen eine Qual gewesen sein. Doch das war nicht das erste und sicher auch nicht das letzte Mal, dass ich mir an den Kopf griff, wenn es darum ging, was manche Menschen für ein Verhalten an den Tag legten.

»Können Sie mir sagen, woher denn diese ganzen Kupferrohre stammen?«, fragte Paul den Fahrer.

»Also ich helfe lediglich meinem Freund beim Transport.« Er zeigte auf Grauhaar. »Er hat mich angerufen und darum gebeten, ihm beim Abholen von einigen Sachen zu helfen. Da er mir den Sprit bezahlt und ich aktuell Zeit habe, habe ich zugesagt. Meinen

Mitbewohner habe ich für die Navigation und als Hilfe beim Tragen mitgenommen. So geht das Einräumen schneller, verstehen Sie?«

Paul nickte.

»So haben wir also die Rohre eingeladen und nun sind wir auf dem Rückweg.«

Grauhaar mischte sich nun in das Gespräch ein. »Ich habe die beiden gefragt, ob sie mir helfen können, das Material abzuholen. Ich habe aktuell kein Auto.«

»Ja, das ist ja alles schön und gut«, hörte ich mich sagen, »aber woher haben Sie diese Rohre? Außerdem muss ich Ihnen sagen, dass Sie so definitiv nicht weiterfahren dürfen. Haben Sie sich mal angeschaut, wie Sie durch die Gegend fahren?«

Mein Gegenüber presste ein mürrisches »Hm« heraus.

»Ich habe die Rohre von der Baustelle, wo ich sonst auf Montage bin, mitgenommen. Die waren über und wären sowieso als Müll entsorgt worden. Unseren Chef interessiert das nicht weiter. Aus diesem Grund habe ich mir gedacht, dass ich sie mitnehme. Sie haben alle problemlos ins Auto gepasst und mir ist nicht aufgefallen, dass es zu schwer ist.«

Natürlich und der Weihnachtsmann ist mein Großvater, dachte ich mir.

Paul und ich hielten kurz Rücksprache. Wir fanden die Geschichte beide sehr fragwürdig, zumal zurzeit Kupferdiebstähle wieder stark im Kommen waren. Nicht selten wurden von Baustellen Kupferkabel, Kupferrohre, Elektromotoren und alles, was irgendwie Kupfer beinhaltete, entwendet, um es unter der Hand an den Mann zu bringen. Der Schrottpreis von einem Kilogramm Kupfer lag aktuell bei circa 6 € und wir hatten locker mehrere hundert Kilogramm vor uns. Den Gewinn, den man damit machen konnte, kann sich, denke ich, jeder selbst ausrechnen. Für uns stand fest, wir würden die Rohre sicherstellen.

»Also so setzen Sie Ihre Fahrt auf jeden Fall nicht fort. Die Rohre laden Sie bitte aus und stapeln sie unter dem Carport neben der Dienststelle. Solange wir nicht genau wissen, woher sie stammen, verbleiben sie bei uns«, setzte Paul die Männer in Kenntnis. »Wir sind der Meinung, dass die Rohre unerlaubt entwendet wurden, und werden deshalb ein Strafverfahren einleiten. Natürlich können Sie Beweise vorbringen, um nachzuweisen, dass Sie rechtmäßig in den Besitz der Rohre gelangt sind. Außerdem brauchen Sie keine weiteren Angaben machen. Wenn über die Herkunft der Rohre Klarheit herrscht, steht Ihnen jederzeit die Option offen, sie hier abzuholen. Allerdings nur mit einem Fahrzeug, das für eine Beladung in diesem Ausmaß geeignet ist.«

Es wurde eifrig genickt. Man hatte verstanden.

Sichtlich genervt von der Wendung, die der Tag für die drei genommen hatte, fingen sie an, die Kupferrohre auszuladen. Die schnellsten waren sie nicht. Wir standen daneben und zählten die Rohre mit. Am Ende erfassten wir 91 Stück. Weil alle Rohre etwa gleich lang waren, wogen wir im Beisein der Herren eines, um ein vorläufiges Gewicht ermitteln zu können. Um die fünf Kilogramm zeigte die Waage. Somit hatten wir circa stolze 455 Kilogramm vor uns liegen.

»Sie werden aufgrund des Strafverfahrens nochmal Post bekommen. Da können Sie sich schriftlich zum Tatvorwurf äußern«, informierte Paul weiter.

Egal, wie die Ermittlungen ausfallen würden, wir hatten hier auf jeden Fall eine heftige Überladung des Fahrzeuges vorliegen.

Laut Zulassungsbescheinigung war für den Pkw ein zulässiges Gesamtgewicht von 2 200 Kilogramm zulässig. Wenn man nun das Leergewicht des Fahrzeuges und das Gewicht der Fahrzeuginsassen abzog, kam man zu dem Schluss, dass eine Zuladung von maximal 300 Kilogramm erfolgen durfte.

Da wir in Deutschland leben und alles von Bürokratie bestimmt ist, müssen wir für die meisten unserer getroffenen Maßnahmen Protokolle als Nachweis fertigen. Gäbe es die Bürokratie nicht, wären Sachverhalte schneller abgearbeitet und Polizeiarbeit wesentlich leichter. Aber das ist uns leider nicht vergönnt. Nachdem wir alle Unterschriften eingeholt hatten, die für die Vollständigkeit der Protokolle notwendig waren, händigte Paul die persönlichen Dokumente an die Männer aus. An dieser Stelle war die Kontrolle für uns beendet und wir verabschiedeten uns. Die Herren durften ihre Fahrt in die Heimat fortsetzen, wenn auch um einige Kilos leichter.

In den darauffolgenden Tagen wurde durch den Ermittlungsdienst Kontakt zu der Firma, von der die Kupferrohre stammten, aufgenommen. Es wurde mit dem Chef gesprochen und eifrig ermittelt. Schlussendlich stellte sich heraus, dass der grauhaarige Mann nicht der beste Mitarbeiter war und wohl auch nicht länger beschäftigt sein würde. Sein Chef hatte keine Kenntnis davon gehabt, dass er die Kupferrohre eingesteckt hatte. Auch wenn es sich um Schrottreste handelte, war nicht vorgesehen, dass ein Baustellenarbeiter sich überschüssiges Material aneignete, um es gewinnbringend zu verkaufen. Somit würde dieser Mann sich für einen Diebstahl verantworten und womöglich eine entsprechende Geldstrafe entrichten müssen.

Paul und ich hatten an dem Tag Glück gehabt. Glück, weil wir zur richtigen Zeit am richtigen Ort gewesen waren und die richtigen Personen angehalten hatten, die uns direkt vor die Nase gefahren waren. Ich sage doch, Glück ist das oberste Gut im Leben. Übrigens denken Paul und ich heute noch lachend an diesen glorreichen Nachmittag zurück.

Auf der Suche nach Popcorn

Nachtschicht. Ein Wort, das bei den Kollegen unterschiedliche Reaktionen hervorruft. Manche mögen sie, manche meiden sie. Ich finde sie in Ordnung. Manchmal kann man einen freien Tag herausschlagen, wenn man auf einen anderen Dienst umschwenkt. Aber nachts arbeiten, was mit lange wach bleiben und lange ausschlafen verbunden ist, finde ich sehr angenehm. Schon als Kind wollte ich immer spät ins Bett gehen. Daran hat sich bis heute nichts geändert. Die Nacht zum Tag machen, genau mein Ding.

Die heutige Schicht sollte zwölf Stunden dauern. Grundsätzlich ist es so, dass die Dienste in der Woche immer von Dienststelle zu Dienststelle unterschiedlich gesplittet sind und am Wochenende Zwölf-Stunden-Schichten versehen werden. Wenn's nach mir ginge, könnte man auch da auf acht Stunden umpolen, weil zwölf Stunden wirklich sehr lang sind. Ich frage mich immer wieder, wie Menschen dauerhaft zwölf Stunden arbeiten können, da würde ich vermutlich eingehen.

Es war eine Samstagnacht im Mai. Die Tage wurden langsam länger und eine einfache Jacke reichte aus, um nicht zu frieren. Der Dienst begann unspektakulär. Ein paar Standardeinsätze, wie man sie meistens erlebt.

Was zähle ich zu Standardeinsätzen? Nun da haben wir die Verkehrsunfälle mit Sachschaden, Ruhestörungen, Streitigkeiten und Alarmauslösungen. Aber das ist unterschiedlich. Auch ein Diebstahl oder ein Einbruch kann Standard sein, dabei ist die erforderliche Polizeiarbeit umfangreicher, wegen der Spurensuche und Ermittlungen. Ich möchte nicht, dass jemand denkt, ich würde diese Standardeinsätze als unbedeutend abstempeln. Auf keinen Fall.

Aber für uns sind es eben Einsätze, die täglich vorkommen und Bestandteil unseres stetigen Einsatzgeschehens. Bei vielen Einsätzen ist unser Erscheinen gar nicht erforderlich, doch leider sehen das manche Menschen anders.

Solche Einsätze hatten also unsere bisherige Nacht bestimmt. Es war kurz nach 4:00 Uhr morgens, die Müdigkeit setzte langsam ein, sodass ich mir am liebsten Streichhölzer zwischen die Augen geklemmt hätte. Ich fing an, mich auf den Feierabend zu freuen, als das Telefon klingelte. Unser Wachhabender nahm den Hörer ab. Die Stimme am anderen Ende war so laut, dass ich problemlos verstehen konnte, was gesagt wurde. Der Anrufer befand sich in seinem Schlafzimmer und teilte mit, dass er aus seinem Fenster heraus drei Personen beobachtete, die sich an einem BMW X5, der auf der gegenüberliegenden Straßenseite geparkt war, zu schaffen machten. Meine Müdigkeit war wie weggeblasen. Mein Kollege Toni und ich schnappten uns unsere Jacken und rannten zum Streifenwagen. Blaulicht an und mit quietschenden Reifen brausten wir vom Hof.

Ich liebte Einsatzfahrten. Besonders im Dunkeln, wenn das blaue Licht die Dunkelheit erleuchtete, schlug mein Herz schneller und ich spürte jedes Mal meine Begeisterung für diesen Job. So über die Straßen zu rauschen, hatte etwas Mystisches. Das Gefühl, das eine Einsatzfahrt einem gibt, kann man schwer beschreiben. Ich würde es mit dem vergleichen, was ein Rennfahrer während eines Rennens empfinden muss. Natürlich bin ich kein Rennfahrer, aber trotzdem ist jede Einsatzfahrt ein Rennen mit der Zeit, natürlich immer unter der Berücksichtigung, dass die Geschwindigkeit viele Gefahren birgt und man sehr wachsam und vorausschauend fahren muss. Nicht jeder Verkehrsteilnehmer bemerkt uns sofort. Besonders im Kreuzungsbereich passieren immer wieder Unfälle, weil ein Streifenwagen trotz des eingeschalteten Blaulichts und Martinshorns übersehen und auch überhört wird. In der Nacht hat man das Problem natürlich weniger, da das Verkehrsaufkommen wesentlich geringer ist. Trotzdem sollte man auch hier immer eine gewisse Vorsicht walten lassen.

Wir jagten durch die Nacht, umgeben von blinkendem Blau, unserem Sachverhalt entgegen.

Toni lenkte den Streifenwagen, also war meine Aufgabe das Funken. Grundsätzlich wird die Arbeit im Streifenwagen so geteilt, dass sich der Fahrer ausschließlich auf das Fahren konzentriert und der Beifahrer sich um interne Anrufe, Funk und Sonstiges kümmert.

Mit Toni hatte ich einen Kollegen mit viel Einsatzerfahrung an meiner Seite. Er war für mehrere Jahre in einer Großstadt in einer speziellen Einheit tätig gewesen. Dann hatte er beschlossen, dass sein Dienstleben etwas ruhiger werden sollte, und auf unsere Dienststelle gewechselt. Als ich ihn kennengelernt hatte, hatte ich ihn nicht so richtig einschätzen können. Ich meine, man hörte immer Dinge über andere, aber ich machte mir lieber selbst ein Bild und gab nichts auf das Gerede von anderen.

Nach einigen Diensten stellte ich fest, dass Toni ein dufte Typ war, mit dem man Pferde stehlen konnte. Er war humorvoll, kompetent und von ehrlicher Natur. Wenn ihn etwas störte, dann sprach er es, ohne zu zögern an und machte seinen Standpunkt dabei sehr deutlich. Man schätzte ihn wesentlich jünger als seine über vierzig Jahre, was vermutlich an seinem faltenfreien Gesicht und vollem Haar lag. Mir macht das Arbeiten mit ihm sehr viel Spaß. Er gehörte zu der Sorte von Polizisten, die in jeder Situation menschlich blieben. Ich erinnerte mich an einen Einsatz auf einem verlassenen Bäckereigelände, auf dem sich Jugendliche unerlaubt aufhalten sollten. Die konnten wir vor Ort nicht mehr feststellen. Doch auf dem Gelände fanden wir neben riesigen beeindruckenden leeren Lagerhallen auch einen höheren Turm, der ebenfalls der Produktion gedient haben musste. Spontan entschieden wir, nach oben zu steigen, und wurden mit einem atemberaubenden Blick über die Stadt belohnt. Wir machten ein paar Bilder von der Aussicht und ein Selfie, um das ich später sogar ein wenig beneidet wurde. Das Gelände und auch der Turm wurden leider ein Jahr später platt gemacht. Aber diese spontane Entdeckungstour würde ich nie vergessen.

Der Anfahrtsweg zum Einsatzort dauerte circa fünf Minuten. Vor Ort konnten wir das angegangene Fahrzeug am Fahrbahnrand feststellen. Wir gingen erst einmal davon aus, dass es am Vorabend da geparkt worden war. Bei dem Fahrzeug handelte es sich um einen Pkw in schwarz, ein BMW X5 aus der Baureihe 2013–2018.

Wir beschlossen, zunächst Rücksprache mit dem Meldenden zu halten, um uns über den genauen Sachverhalt zu informieren. Er wohnte laut am Telefon gemachter Angabe in einem Einfamilienhaus direkt gegenüber. Das gesamte Grundstück war mit einem etwa 1,20 m hohen Zaun umfriedet. Der Meldende hatte uns anscheinend schon kommen gesehen, denn als wir auf sein Haus zuliefen, trat er von seinem Grundstück auf die Straße.

»Guten Abend, Sie haben bei uns angerufen?«, hörte ich Toni sagen.

»Ja, das ist korrekt«, antwortete der Mann, der auf den ersten Blick selbst in seinem Schlafanzug nicht den Eindruck vermittelte, als ob er gerade aus dem Bett gestiegen war. So frisch sah ich auf jeden Fall nicht aus, wenn ich aus dem Bett stieg. Ich fragte mich auch immer, was der Postbote dachte, wenn ich völlig verballert die Tür öffnete und da war es nicht kurz nach 4:00 Uhr nachts.

»Gut, dann schildern Sie mir bitte noch einmal in aller Ruhe, was genau Sie beobachtet haben«, meinte Toni.

»Also … ich habe geschlafen und bin auf einmal durch ein dumpfes Geräusch hochgeschreckt. Es hörte sich blechern an, als ob etwas kaputtgehen würde. Ich versuchte herauszufinden, woher dieses Geräusch kam, und schaute aus meinem Schlafzimmerfenster. Das ist sich im Dachgeschoss des Hauses. Als ich aus dem Fenster sah, bemerkte ich drei Personen, die damit beschäftigt waren, an dem Fahrzeug, das Sie da drüben sehen«, er zeigte mit dem Finger auf den schwarzen BMW, »irgendwelche Teile abzureißen. Ich riss das Fenster auf und brüllte sie an, dass ich die Polizei rufen würde. Daraufhin flüchteten die Personen in verschiedene Richtungen. Hier, gleich die nächste Einfahrt rein«, er zeigte nach links um die Ecke, »befindet sich ein Wendehammer. Möglicherweise haben sie dort ihr Fahrzeug geparkt, mit dem sie gekommen sind, oder jemand hat auf sie gewartet.«

»Haben Sie denn danach ein Fahrzeug davonfahren sehen oder hören?«

»Nein, leider nicht.«

»Können Sie die Personen näher beschreiben? Haben Sie irgendwelche Auffälligkeiten feststellen können?«

»Nein. Ich habe nur erkannt, dass es sich um drei männliche Personen handelte. Sie waren alle dunkel gekleidet und um die 1,80 m groß, würde ich schätzen.«

»Ok, danke. Wir schauen uns jetzt erst einmal das Fahrzeug an und sprechen mit dem Besitzer. Falls wir noch Fragen haben, kommen wir auf Sie zurück.«

Toni wandte sich mir zu: »Lass uns erst einmal das Fahrzeug und die Umgebung in Augenschein nehmen und dann mit den Geschädigten sprechen. Vielleicht finden wir noch irgendwelche Hinweise.«

Wir überquerten die Straße, um uns das Fahrzeug genauer anzuschauen. Auf den ersten Blick hatten wir nur gesehen, dass einige Fahrzeugteile abmontiert worden waren. Nun wollten wir überprüfen, was genau fehlte. Als wir vor dem Fahrzeug standen, sahen wir, dass im Bereich der Fahrzeugfront die gesamte Frontschürze und der linke sowie rechte Kotflügel abgetrennt worden waren. Außerdem fehlten beide Frontscheinwerfer. Wir gingen weiter um den Pkw herum. Die Beifahrertür war angelehnt und die Scheibe eingeschlagen. Auf dem Sitz lagen einige Glassplitter und Scherben. Die Täter hatten die Scheibe eingeschlagen, um die Tür von innen aufzuklinken, und das Fahrzeug zu durchsuchen. Augenscheinlich war innen nichts entwendet worden, zumindest keine Fahrzeugteile. Häufig wurden im Inneren Radio, Lenkrad und Airbags ausgebaut. Stattdessen hatten die unbekannten Täter im hinteren Bereich des Fahrzeuges die rechte Verbreiterung des Kotflügels abgebaut. Hinweise auf den Verbleib der Teile fanden wir nicht. Eine umfangreiche Spurensuche würde später durch die hierfür zuständige Tatortgruppe, TOG genannt, vorgenommen werden. Die kommt immer dann zum Einsatz, wenn eine größere Spurenlage zu erwarten ist. Sie sind auf die Spurensicherung spezialisiert. Damit wird gewährleistet, dass die meisten vorhandenen Spuren gefunden und schonend gesichert werden. Das soll nicht heißen, dass wir zur Spurensicherung und -suche nicht in der Lage wären, sondern, dass von der TOG auf diesem Gebiet bessere Arbeit zu erwarten ist.

Es galt nun, den Eigentümer des Fahrzeugs ausfindig zu machen. Durch eine Überprüfung des Kennzeichens konnten wir die Wohnanschrift des Geschädigten schnell ermitteln. Wie sich herausstellte, schloss das Grundstück direkt an das Grundstück des Meldenden an.

Das Grundstück des Geschädigten war ebenfalls von einem hohen Zaun umgeben. Die Zauntür war verschlossen. Wir drückten die Klingel und warteten, bis sich jemand aus dem Fenster sah. Es war jetzt 4:45 Uhr. Jeder normale Mensch schlief um diese Zeit und war wenig begeistert, geweckt zu werden, wofür ich volles Verständnis hegte. Würde jemand bei mir um diese Uhrzeit klingeln, würde ich vermutlich nicht mal öffnen, wenn ich niemanden erwarte.

Langsam schlurfte ein Mann in Richtung Zaun. Seinem Gesichtsausdruck konnte ich entnehmen, dass er halbwegs gut gelaunt war. Mal gucken, wie lange noch.

Toni eröffnete das Gespräch: »Guten Morgen. Es tut uns leid, dass wir Sie um diese Zeit wecken müssen. Sind Sie der Halter des schwarzen BMWs?«

»Ja, das bin ich. Wieso? Was ist denn damit?«

»Es tut mir leid, Ihnen das mitteilen zu müssen, Ihr Nachbar konnte beobachten, wie drei Personen sich an Ihrem Fahrzeug zu schaffen gemacht haben. Wir mussten feststellen, dass einige Fahrzeugteile entwendet wurden und das Fahrzeug aufgebrochen wurde. Würden Sie mit uns zum Fahrzeug kommen, dann können wir eben schauen, ob etwas im Inneren fehlt und alles Weitere besprechen.«

»Ja okay«, mehr brachte der Mann in dem Moment nicht hervor. Sein Gesichtsausdruck verfinsterte sich.

Gemeinsam gingen wir zum Fahrzeug herüber. Der Mann konnte nicht fassen, was mit seinem Auto geschehen war. Doch seinen Angaben zu Folge wurde aus dem Fahrzeug nichts entwendet.

»Wann haben Sie das Fahrzeug hier abgestellt?«, fragte Toni.
»Gestern Abend, als wir von unserem Ausflug zurückkamen. Das war gegen 22 Uhr.«
»Okay und haben Sie in der letzten Stunde irgendwelche merkwürdigen Geräusche vernommen?«
»Nein. Ich habe geschlafen wie ein Stein, bis Sie eben geklingelt haben.«
»Okay«, Toni machte sich Notizen in sein Merkbuch, »wir warten jetzt auf die Tatortgruppe. Das sind Kollegen, die auf Spurensicherung spezialisiert sind. Sie dürfen an dem Fahrzeug erst einmal nichts verändern oder anfassen. Wenn die Kollegen fertig sind, werden sie noch einmal auf Sie zu kommen.«
»Also kann ich so lange wieder reingehen?«, fragte er und zog dabei leicht fröstelnd die Schultern hoch.
»Sie können so lange gerne wieder reingehen. Wir sind hier draußen«, meinte Toni.
Der Mann machte kehrt in Richtung seines Hauses.
Da der Meldende von einem Wendehammer gesprochen hatte, beschlossen wir, den mal zu suchen. So konnten wir die Zeit sinnvoll nutzen, die wir sowieso auf die Kollegen der Tatortgruppe warten mussten. Direkt an das Haus von dem Anrufer schloss sich über ein paar Meter flach verlaufendes Buschwerk an. Circa 50m weiter war eine Einfahrt erkennbar. Wir liefen in die Richtung und entdeckten den tatsächlich recht breit verlaufenden Wendekreis. Den Durchmesser schätzte ich auf ca. 70 Meter.
Der gesamte Wendekreis war von Baum- und Buschwerk umgeben. Dahinter erstreckte sich rechts ein Maisfeld und hinten ein weiteres Feld ohne Bepflanzung.
Ein weiterer BMW X5 parkte in diesem Wendekreis. Es handelte sich um die gleiche Baureihe wie die des angegangenen Fahrzeugs, nur war dieser BMW bronzefarben foliert. Das erkannte ich sofort, weil ich mich schon seit Kindheitstagen für Autos und seit einigen Jahren auch für Fahrzeugtuning interessierte. Der erste Weg führte uns also zu dem Fahrzeug, um es aus der Nähe zu betrachten. Ich

habe schon viele Folierungen gesehen und auch schon einige schlechte, aber diese war einfach nur grottig. Am Fahrzeug waren starke Beschädigungen im vorderen Bereich zu erkennen. Besonders am linken vorderen Kotflügel waren einige Stückchen herausgerissen. Wir umrundeten das Auto. Die Sonne war schon aufgegangen, sodass wir die Umgebung besser absuchen konnten. Doch eine Suche war gar nicht notwendig. Direkt neben dem Fahrzeug, lagen links im Buschwerk zwei schwarze Kotflügel mit Frontscheinwerfer, eine schwarze Frontschürze und drei Verbreiterungen von Kotflügeln. Toni und ich waren uns einig: Es bestand kein Zweifel, dass es sich um die entwendeten Teile unseres BMWs um die Ecke handelt

In meinem Kopf ging das große Grübeln los. Auch bei Toni konnte ich die drei Fragezeichen über dem Kopf stehen sehen. Worin bestand der Zusammenhang zwischen den beiden Fahrzeugen? Wieso machte sich jemand die Mühe, Fahrzeugteile zu stehlen, und sie dann einfach wegzuwerfen? Oder lag es daran, dass sie erwischt worden waren? Waren beim zweiten Fahrzeug auch einzelne Teile entwendet worden?

Wir sahen uns das Fahrzeug genauer an. Zu unserem Glück war das Fahrzeug nicht einmal verschlossen.

Im Fahrzeuginneren konnten wir die gewöhnlichen persönlichen Dokumente wie Zulassungsbescheinigung, Führerschein, Reisepass, EC-Karte feststellen. Alle Dokumente waren auf denselben Namen ausgestellt. Es musste sich um den Führer des Fahrzeuges handeln. Außerdem entdeckte ich in der Mittelkonsole ein Handy, zwei Herrenarmbanduhren, eine Rechnung von einer Werkstatt von vor zwei Tagen und insgesamt über 1000 € in bar. In der Beifahrertür fand Toni ein Schlüsselbund und eine Unfallanzeige aus der heutigen Nacht, ausgestellt durch Kollegen aus dem benachbarten Revierbereich. Diesem Schreiben nach zu urteilen, hatte der Fahrzeugführer heute Nacht einen Wildunfall gehabt und diesen polizeilich aufnehmen lassen.

Im Kofferraum fanden wir die Fahrzeugteile, die am vorderen linken Kotflügel fehlten. An diesen stellten wir Rückstände von

Schnitthaar fest. Bei Schnitthaar handelt es sich um Borsten oder Fellrückstände von Wildtieren. Somit war klar, dass der an diesem BMW befindliche Schaden durch einen Wildunfall herbeigeführt worden war.

Toni und ich schlussfolgerten Folgendes: Der Führer des Pkws war mit seinem Fahrzeug auf einer Landstraße unterwegs, als ihm ein Rehwild vors Auto sprang. Der aufgefundenen Rechnung nach zu urteilen, war das Fahrzeug vor zwei Tagen aus der Werkstatt gekommen. Es war absolut ärgerlich für den Halter, dass nun ein erneuter Schaden aufgetreten war. Zu einem späteren Zeitpunkt war der Fahrzeugführer mit zwei weiteren Personen unterwegs. In Höhe des aktuellen Tatorts entdeckten sie das baugleiche Fahrzeug. Sie beschlossen, ihren Pkw im Wendekreis abzustellen und näherten sich dem schwarzen BMW. Nicht gerade geräuscharm wurden Scheinwerfer, Kotflügel etc. abmontiert. Dann wurden sie von unserem Anrufer gestört und flüchteten zunächst in Richtung Wendekreis. Hier warfen sie die Fahrzeugteile in die Büsche und entfernten sich fußläufig. Vermutlich dachten sie in ihrer Panik nicht mehr daran, die Wertsachen aus dem Fahrzeug mitzunehmen und es zu verschließen.

So weit, so gut. Das war die Theorie. Nun stellte sich die Frage: Wohin waren sie geflüchtet? Wieso hatten sie ihr Fahrzeug gänzlich zurückgelassen?

Wir beschlossen, die TOG die Spuren sichern zu lassen und auf die Kollegen zu warten.

Da ich seit mindestens einer Stunde wirklich dringend das Bedürfnis verspürte, eine Toilette aufzusuchen, nutzte ich die Zeit, um mit dem Streifenwagen mal eben zur Dienststelle zu düsen. Meine Blase fasste leider kein unendliches Volumen. Bei manchen Menschen dachte ich das manchmal, weil die gefühlt nie mussten. Toni blieb allein vor Ort und ich beeilte mich, um ihn nicht so lange allein zu lassen.

Ich war gerade auf dem Rückweg, als ich Tonis Stimme über Funk vernahm.

»Hier hat gerade ein Kopf aus dem Maisfeld geschaut. Als er mich gesehen hat, ist er wieder verschwunden. Wir brauchen mehr Kräfte, um das Feld zu umstellen.«

»What the hell?«, schoss es mir durch den Kopf. Das konnte doch nicht deren Ernst sein. Völlig ungläubig erwischte ich mich dabei, wie ich den Kopf schüttelte. Ich trat auf die Tube, um möglichst schnell bei Toni zu sein.

Als Toni mich erblickte, kam er auf mich zu gelaufen, bevor ich überhaupt Gelegenheit hatte auszusteigen.

»Die verstecken sich im Maisfeld.«

»Was war denn los?«, fragte ich, immer noch völlig erstaunt.

»Ich habe so umhergeschaut und dabei schweifte mein Blick über das Feld. Auf einmal sah ich einen blonden Kopf, der mich aus dem Feld heraus anschaute. Als er mich bemerkte, duckte er sich natürlich sofort wieder ab. Aber unsere Blicke haben sich getroffen. Wir brauchen mehr Kräfte, um zu verhindern, dass er flüchtet.«

Es dauerte keine halbe Stunde, da standen wir umgeben von eine Dutzend Kräften am Einsatzort. Toni übernahm die Führung der aktuellen Lage. Hier merkte man, dass er der erfahrenere Kollege war, dem eine solche Situation nicht unbekannt war. Ich dagegen kam mir in diesem Moment wie seine assistierende Praktikantin vor. Das lag aber nicht an Toni, sondern einfach an der Gesamtsituation. Grundsätzlich hat einer vor Ort den Hut auf. Man spricht sich ab, aber die Koordinierung macht ein Kollege, damit Struktur reingebracht wird. Also versuchte ich, so gut wie möglich zu unterstützen und vom Gefühl her zu assistieren. Es würden sicher andere Zeiten kommen, in denen sich andere Kollegen sich wie ich jetzt fühlen würden, während ich den Hut aufhatte. Man wuchs ans seiner Erfahrung und das war ein guter Moment, welche zu sammeln.

Toni forderte den Polizeihubschrauber aus der Landeshauptstadt an. Der große Vogel hatte von oben den besten Blick und das versprach am meisten Erfolg. Bis zu diesem Zeitpunkt hatte ich noch keinerlei Berührungspunkte mit der Hubschrauberstaffel gehabt. Im Studium hatte ich leider nicht zu den Glücklichen gehört, die eine Besichtigung vor Ort mitmachen durften. Ich weiß nur noch, dass uns immer wieder gesagt wurde, dass es nicht so leicht war, zur Hubschrauberstaffel zu gelangen. So, wie ich das von den Kollegen meiner Dienststelle immer hörte, wurde nur selten ein Hubschrauber angefordert, weil sie immer viele Einsätze zu bewältigen hatten. Doch das ist eine andere Geschichte …

Laut Angaben der Leitstelle sollte es circa fünfundvierzig Minuten dauern, bis der Helikopter eintraf. Also warteten wir, etwas Anderes blieb uns sowieso nicht übrig.

Die Zeit zog sich wie Kaugummi. Ob Geduld meine Stärke war? Hm, … gute Frage, nächste Frage. Ich würde meinen, nach außen versuchte ich immer geduldig zu sein, und mich innerlich nicht von meiner Ungeduld auffressen zu lassen. Warten war nicht mein Ding.

Die TOG traf ein, begann mit der Spurensuche und deren Sicherung. Nach knappen vierzig Minuten war das Rotieren von Rotorblätter zu hören. Meine Freude war riesig, denn das Warten hatte ein Ende. Langsam machte sich nämlich die Müdigkeit wieder breit.

Der Hubschrauber zog seine Kreise über dem Maisfeld. Mal etwas höher, dann mal wieder etwas tiefer. Der Pilot versuchte dabei, mit der Maschine so tief runterzugehen, wie es eben möglich war. Wir schauten gespannt zu.

Leider blieb die Absuche erfolglos und musste nach zwanzig Minuten eingestellt werden. Der Hubschrauberbesatzung war es nicht möglich gewesen, mittels der Wärmebildkamera die Person im Maisfeld auszumachen. Es schien, als hätte unser Flüchtiger es geschafft, sich fußläufig in unbekannte Richtung zu entfernen.

Da mit der Verstärkung auch Hundeführer eingetroffen waren, beschlossen wir, die Hunde ins Feld zu schicken. Vielleicht konnten die die Person ausfindig machen. Personenspürhunde fand ich auch schon immer interessant. Erstaunlich, wozu ein Tier alles in der Lage war. Das war wohl auch der Grund, warum ich mit meinem Hund nun auch mit Mantrailing angefangen habe.

Die Hunde nahmen sofort eine Fährte auf. Im Zickzack folgten die Hundeführer kreuz und quer durchs Maisfeld. Von außen hörte man es nur rascheln und ab und zu winkten die Kollegen ihre Position. Am Ende kamen sie auf der gegenüberliegenden Seite an einem Feldweg wieder in Sichtweite. Doch hie irrten die Hunde umher, anscheinend verlief sich die Spur.

Die Person hatte es also geschafft zu entkommen.

An dieser Stelle war der Einsatz für uns erstmal beendet. Pluspunkte gegenüber dem Flüchtigen hatten wir, dass wir im Besitz aller Dokumente aus dem Fahrzeug waren. Zwei Fahrzeuge von der Tagschicht würden noch ein wenig nach ihm fahnden, denn weit konnte der junge Mann schließlich zu Fuß noch nicht gekommen sein.

Wir machten uns auf den Rückweg zur Dienststelle. Es war schon kurz nach halb acht und ich wollte einfach nur noch ins Bett. Schnell noch das Gröbste in den Computer eingetippt und dann ab nach Hause. Kurz bevor ich die Dienststelle verließ, wurde über Funk mitgeteilt, dass in etwa 5 km Entfernung zum Tatort ein wirklich dreckig aussehender junger Mann, der gerade aus einem Feld auf die Straße marschierte, aufgegriffen worden war. Die Beschreibung passte gut zu unserer gesuchten Person. Die Kollegen des Tagesdiensts würden den Fall weiterbearbeiten und in elf Stunden, wenn mein nächster Nachtdienst startete, würde ich Näheres erfahren.

Als ich am folgenden Abend zur Nachtschicht kam, erkundigte ich mich natürlich sofort bei den Kollegen des Tagesdiensts nach den Geschehnissen der letzten Stunden.

Nachbarn, die gegenüber dem Wendekreis ihr Grundstück hatten, hatten gegen späten Nachmittag beobachtet, wie sich drei Personen dem kupferfarbenen BMW näherten, und sofort die Polizei alarmiert. Mit mehreren Einsatzkräften wurde daraufhin verhindert, dass sich die Personen entfernten. Vor Ort konnte der vermeintliche Fahrzeugführer und zwei weitere männliche Personen angetroffen werden. Die persönlichen Daten stimmten mit den im Fahrzeug aufgefundenen Dokumenten überein. Der Mann hatte blonde Haare und trug Kleidungsstücke, die ihm ein paar Nummern zu groß waren. Diese Kleidungsstücke waren zufällig ein paar Stunden zuvor als gestohlen gemeldet worden. Zu seiner Verteidigung gab der Mann an, dass er in der vergangenen Nacht einen Wildunfall gehabt hatte und dann den erheblichen Schaden am Fahrzeug bemerkt hatte. Er war der Meinung gewesen, dass er so nicht weiterfahren könne und hatte daraufhin seine Kumpels angerufen, um mit ihnen gemeinsam das Fahrzeug am Nachmittag abzuholen. Seine Kleidungswahl begründete er damit, dass seine Freunde nichts Anderes in seiner Größe zur Verfügung gehabt hatten, als er bei ihnen übernachtet hatte. Seine Freunde waren jedoch gar nicht viel größer als er und schon gar nicht breiter. Insgesamt war die Geschichte gut ausgeschmückt, aber wegen der belastenden Beweise nicht sonderlich glaubwürdig. Ich musste herzlich lachen, als ich die Story hörte. Manche Menschen glaubten doch echt, wir wären mit dem Klammersack gepudert.

Wir vermuteten, dass er sich die Kleidungsstücke besorgt hatte, da seine eigenen total verschmutzt gewesen waren. Dann hatte er sich von seinen Freunden abholen lassen und anscheinend gedacht, dass er unbemerkt sein Fahrzeug zurückholen könne. Ein Hoch auf den wachsamen Nachbar in diesem Fall.

Sachverhalt erfolgreich gelöst, würde ich meinen, auch wenn es am Anfang gar nicht danach ausgesehen hatte. Alles Weitere würde der Ermittlungsdienst übernehmen.

Später musste ich zu diesem Sachverhalt noch zweimal vor Gericht aussagen, da den drei Personen der Prozess eröffnet worden war. Natürlich war der aufgegriffene Blondschopf unser verloren gegangener Fahrzeugführer gewesen. Welches Urteil sie ereilt hat, weiß ich leider nicht.

Pech gehabt!

Eine laue Nacht im Spätfrühling. Eine von diesen Nächten, wo du nachts schon im T-Shirt rausgehen kannst und dir trotzdem nicht mehr kalt wird. Bei diesen Temperaturen machten auch Verkehrskontrollen Spaß. Man möchte so viel Zeit wie möglich an der frischen Luft verbringen. Im Winter sah das anders aus, wenn man drei Jacken anhatte und es trotzdem kalt war.

Grundsätzlich bin ich ein Naturmensch. Ich mag es nicht, meine Zeit am Computer zu verbringen, vorm Fernseher zu hängen oder Playstation zu spielen. Ich bin lieber draußen an der frischen Luft. Schon seit Kindertagen verbringe ich meine Freizeit gerne in der freien Natur. Und schon damals war es egal, welches Wetter herrschte.

Ob mein Kollege Benny, mit dem ich heute unterwegs war, das auch so sah, konnte ich nicht abschätzen. Benny war nur drei Jahre älter als ich war, aber schon Frau und Kinder hatte. Seine Frau war sogar wesentlich älter als er. Gemeinsam hatten sie ein Kind und das zweite war gerade auf dem Weg. Ich dagegen, gefühlt ewiger Single, wollte niemals heiraten und war kein Kinderfan. Ich mochte Kinder lieber, wenn sie Abstand zu mir hielten. Es gab da so ein paar lustige Memes, die meine Freunde mir immer wieder zukommen ließen, wenn es um das Thema Kinder ging. Mit hoher Wahrscheinlichkeit lag es daran, dass bei meiner Familie Familie nicht großgeschrieben wird. Wie hieß es so schön: Was man als Kind nicht mit in die Wiege gelegt bekommt, da kommt man später nur schwierig ran.

Wir hätten also unterschiedlicher von unserer Lebenseinstellung nicht sein können. Da sah man mal wieder, wie verschieden Menschen dachten und wie unterschiedlich sie ihr Leben gestalteten. Trotzdem agierten wir bisher bei jedem Einsatz als gutes Team. Benny war zuverlässig und humorvoll. Ich glaubte, dass er mich auch ganz gern mochte, zumindest hatte er Spaß daran, meinem Dialekt aufs Korn zu nehmen. Das machten übrigens einige meiner Kollegen ganz gern. Aber grundsätzlich störte mich das nicht, da ich wusste, wie es gemeint war, und bei einem konnte man sich immer sicher sein: Personen, die offen Späße machten, lästerten zumindest nicht hinter deinem Rücken, weil sie es nicht nötig hatten. Ich hielt Lästern für eine Todsünde, so, wie es Dante schon erkannt hatte, als er die Sechste Sünde benannt hatte. Denn wo lag die Ursache für Lästerei und Mobbing? Richtig, in Eifersucht und Missgunst.

Benny und ich sorgten also in dieser Nacht in unserem beschaulichen Städtchen für Recht und Ordnung. Viel los war bisher nicht gewesen. Unter der Woche war es in der Nacht in der 30.000 Einwohnerstadt doch recht ausgestorben. Wir führten an dem ein oder anderen vorbeifahrenden Fahrzeug eine Verkehrskontrolle durch, aber hatten bisher keine Auffälligkeiten festgestellt.

Es war kurz nach 3:00 Uhr. Die Fensterscheiben hatten wir leicht geöffnet, um die leichte Frühlingsbrise zu genießen. Im Radio lief leise Musik. Wir saßen im Streifenwagen, geparkt in einer Nebenstraße mit Blick auf die Hauptstraße.

Die Uhr zeigte 3:02 Uhr, als ein schwarzer Opel Astra, älteres Baujahr, den in sichtbarer Entfernung liegenden Kreisverkehr mit ziemlich hoher Geschwindigkeit passierte. Benny und ich waren uns einig: Ein solches Fahrverhalten zog Aufmerksamkeit auf sich und war eine Kontrolle wert.

Obwohl nachts weniger auf den Straßen los war, war das noch lange kein Freifahrtschein zum Rasen. Immerhin war Fahren mit nicht angepasster Geschwindigkeit unter den Top 5 der häufigsten Unfallursachen. Wenn man Statistiken von tödlichen Verkehrsunfälle betrachtete, sogar auf den oberen ersten Plätzen. Auch ich hatte schon einen Unfall hinter mir, weil ich schlichtweg einfach zu schnell gefahren war. Man sollte Geschwindigkeit einfach nicht unterschätzen.

Wir beschlossen, dem Fahrzeug zu folgen und gaben dem Fahrzeugführer mit »STOPP POLIZEI« das Zeichen zum Anhalten. Wir näherten uns dem Fahrzeug von hinten. Auf den ersten Blick konnten wir drei männliche Personen erkennen. Alle waren dunkel gekleidet und offenbar südeuropäischer Herkunft.

»Guten Abend. Eine Verkehrskontrolle. Ich hätte gerne die Ausweise, Ihren Führerschein und den Fahrzeugschein gesehen. Wieso sind Sie denn um diese Uhrzeit noch unterwegs?«, sprach Benny den Fahrer an.

»Wir hatten Langeweile«, kam es zurück.

Ich kannte diese besagte ›Stadtkatze‹ oder ›Ortskontrollfahrt‹ noch aus Teenagerzeiten, aber mein Bauchgefühl sagte mir in diesem Moment, dass womöglich nicht ganz stimmte, was der Mann da sagte. Ich warf einen Blick in das Fahrzeug, um mir einen Eindruck von den Männern zu verschaffen. Irgendwie sahen sich alle ähnlich. Aber das überraschte mich jetzt auch nicht. Ich fand, südländisch aussehende Menschen ließen sich meist lediglich durch Körpergröße, Gewicht oder Bartwuchs unterscheiden. Aber vermutlich sagten sie Ähnliches auch von uns europäisch aussehenden Menschen. Die erforderlichen Dokumente konnte der Fahrer alle vorweisen und die Ausweise der Mitfahrer erhielten wir auch, somit war erstmal alles im grünen Bereich.

»Wir würden noch ganz gerne Ihre Fahrtüchtigkeit hinsichtlich Drogen überprüfen, wenn das ok ist«, fragte Benny den Fahrer.

»Ja, können wir machen, kein Problem.«

Wir gaben dem Fahrzeugführer einen kleinen Becher und Benny begleitete ihn zur nächsten Grünfläche, damit er uns einige Tropfen seines Urins überlassen konnte.

»Können Sie uns noch Ihr Sicherungsmaterial zeigen?«, fragte ich, während wir auf das Ergebnis des Testes warteten. Das war wohl alles im Kofferraum verstaut, denn nun stieg der Beifahrer aus und ging nach hinten, um diesen zu öffnen. Der Beifahrer trug wie der Fahrer einen Jogginganzug mit Bauchtasche. Das Aussteigen des Beifahrers hatte anscheinend den dritten Insassen dazu animiert, ebenfalls auszusteigen. Ich verdrehte innerlich die Augen, aber nahm es hin. Für manche Menschen, meistens für die, die uns nicht so wohl gesinnt sind, war es wohl eine Art Schutzhandlung uns als Gruppe gegenübertreten. Wen es störte, musste man die Personen eben wieder ins Fahrzeug bitten. Die Männer schienen gut drauf und machten den Eindruck, als ob sie sich als Gruppe sicher fühlten, doch wir kamen gut mit ihnen klar.

Durch die Öffnung der Kofferraumklappe konnten wir einen Blick in das Fahrzeuginnere werfen. Es wurde ein wenig gekramt, am Ende konnten uns alle gewünschten Utensilien zur Sicherung vorzeigt werden. Doch unsere Aufmerksamkeit wurde nun von etwas Anderem angezogen. Ebenfalls ganz hinten drin im Kofferraum, befanden sich zwei gelbe Kisten der deutschen Post. Diese waren randvoll mit Dingen gefüllt.

»Was ist denn in diesen Kisten? Das würden wir uns gern mal anschauen«, erkundigte sich Benny.

Es wurde eine einwilligende Handbewegung gemacht.

Wir zogen die Kisten näher zu uns ran. In der einen befanden sich schwarze Wechselsachen. Dazu zählten zwei Paar Schuhe, eine Hose und ein Pullover. In der anderen befanden ich ein Dutzend Dieselhandschuhe, wie man sie an der Tankstelle bekommt. Außerdem war ein Berg von Plastikeinkaufstüten in die Kiste gestopft worden. Benny holte die Tüten und Handschuhe einzeln heraus, um zu schauen, ob sich sonst noch etwas darin befand.

Und tatsächlich, zum Vorschein kam ein dicker Beutel mit Marihuana am Boden der Kiste. Wir schauten uns an, da hatten wir wohl einen Treffer gelandet.

»Möchte jemand von Ihnen etwas dazu sagen?«

Benny hielt die Tüte mit dem Marihuana hoch und schaute fragend in die drei Gesichter. Die gute Stimmung war verflogen. Alle drei waren verstummt.

Mittlerweile musste das Ergebnis vom Drogenschnelltest erkennbar sein. Wir gingen zu unserem Streifenwagen, wo wir den Test für die Reaktionszeit abgelegt hatten.

Ich muss sagen, ich war tatsächlich ein wenig überrascht. Natürlich hatten wir damit gerechnet, dass der Test positiv auf Marihuana ausfallen würde. Aber hinzu kam eine positive Reaktion auf Kokain. Die Weiterfahrt war dem Fahrer auf jeden Fall untersagt.

»So, hier stehen Ordnungswidrigkeiten und Straftaten im Raum. Wir werden Sie erst einmal mit zu unserer Dienststelle nehmen müssen«, eröffnete ihm Benny seine aktuelle Lage.

»Kann von den anderen jemand das Fahrzeug führen? Beziehungsweise hat von Ihnen noch jemand einen Führerschein?«, erkundigte ich mich.

»Nein«, antworten die anderen beiden.

»Nur ich habe einen Führerschein«, gab der Fahrer an. Okay, dann hatten die drei wohl Pech gehabt.

Das Fahrzeug würde an Ort und Stelle stehenbleiben müssen. Zum Glück stand es nicht verkehrsbehindert, so mussten wir es nicht noch an einen geeigneten Ort umparken. Den Fahrzeugschlüssel stellten wir sicher, damit niemand auf dumme Gedanken kam. Dann baten wir den Fahrer, in unserem Streifenwagen Platz zu nehmen.

»Können Sie uns noch beschreiben, wie wir zu Dienststelle gelangen? Wir würden versuchen, zu Fuß hinzukommen«, sprach mich der Beifahrer an.

»Sie gehen hier die Straße rauf, biegen am Kreisverkehr die erste rechts ab und gehen dann weiter immer geradeaus.«

»Alles klar. Danke, dann machen wir uns auf den Weg.«

Die beiden setzten sich in Bewegung und auch wir traten den Weg in Richtung Dienststelle an.

Auf der Dienststelle dokumentierten wir erst einmal in aller Ruhe alle relevanten Daten und verständigten einen Arzt für eine Blutentnahme, damit im Labor der genaue Wert der Drogen ermittelt werden konnte.

Wie sich herausstellte, waren alle drei Fahrzeuginsassen in der Vergangenheit polizeilich in Erscheinung getreten. Inwieweit das Auswirkungen auf die aktuelle Angelegenheit hatte, würde nicht in unserem Ermessen liegen. Oft werden Polizeibeamte gefragt, was für eine Strafe für eine gewisse Straftat zu erwarten ist. Doch wir nehmen nur die Sachverhalte auf, über das Strafmaß entscheidet am Ende jemand anderes. Auch die Schuldfrage der einzelnen Personen klären nicht wir.

Während wir uns auf der Dienststelle mit dem Fahrzeugführer auseinandersetzten, machten sich zwei weitere Kollegen, Svenja und Aaron, auf den Weg zum Fahrzeug, um die Postkisten mitsamt Inhalt zu holen.

Da der Besitz von Marihuana in Deutschland strafbar ist, würden wir die Drogen einbehalten. Bei den übrigen Sachen konnte es sich um möglicherweise um Kleidungsstücke handeln, die zur Begehung von weiteren Straftaten genutzt wurden. Aus diesem Grund würden wir auch diese zunächst einbehalten. Bei den Postkisten handelte es sich um Eigentum der Deutschen Post. Das war ähnlich wie mit Einkaufskörben beim Discounter, diese gehörten auch dem Supermarkt und durften nicht mit nach Hause genommen werden, so wie es einige Leute aber doch ab und zu tun, wenn man irgendwo in der Prärie einen Einkaufswagen stehen sieht. Wie man als Laie an diese Postkisten herankommt, wusste ich nicht, aber die würden nach Abschluss der Ermittlungen ihren Weg zurück zur Post finden.

Im Laufe der nächsten halben Stunde trafen die Kollegen unseres Fahrers auf der Dienststelle ein. Sie hatten noch jemanden mitgebracht: ebenfalls ein südländischer Mann, ein wenig älter als die drei. Der Mann zeigte uns eine gültige Fahrerlaubnis und durfte das Fahrzeug führen. Wir ließen ihn sicherheitshalber einen Drogenvortest machen und dann bekam er den Fahrzeugschlüssel ausgehändigt. Nachdem alle notwendigen Maßnahmen getroffen waren, konnten alle vier die Dienststelle wieder verlassen.

Doch für Benny, Svenja, Aaron und mich fing die Arbeit erst an. Es war schon nach 5:00 Uhr morgens und eigentlich würde gleich die Frühschicht zur Ablöse kommen, doch es gab noch einiges zu tun. Wir teilten uns die Arbeit ein, damit keiner viele Überstunden machen musste. Polizeiarbeit besteht aus 30 % außerhalb der Dienststelle arbeiten, dazu zählen Einsätze fahren und Sachverhalte aufnehmen.

Die anderen 70 % bestehen darin, die gewonnenen Daten und Personalien anzulegen, Formulare auszufüllen und Texte zu schreiben. Alle Maßnahmen mussten verschriftlicht werden, damit Staatsanwälte und Richter alles nachverfolgen konnten. Gegen 6:30 Uhr konnten wir in den verspäteten Feierabend gehen. Ich muss sagen, auch wenn man in unserem Beruf manchmal länger arbeiten muss, fühlte es sich doch gut an, zu wissen, dass es seinen guten Zweck erfüllte. Ich weiß, viele Kollegen denken nicht so, aber in meinen Augen sind es die kleinen Dinge, die sich summieren und dazu beitragen, die Welt zu einem besseren Ort zu machen. Wir als Polizei können einen großen Anteil dazu beitragen.

Svenja und Aaron hatten bei der Fahrzeugdurchsuchung noch mehrere kleinere Tütchen mit Marihuana entdeckt. Insgesamt hatten wir um die 600 Gramm gefunden, was etwa einem Wert von 6.000 € entsprach. Man konnte eindeutig von unerlaubten Handel mit Betäubungsmitteln sprechen.

Nach etwa zwei Monaten kam der Ermittlungsdienst auf uns zu und lobte uns für unsere Arbeit. Wie sich herausstellte, hatte unser Trio in den Tagen vor unserer Verkehrskontrolle mehrere Tankstellenüberfälle in der nahegelegenen Großstadt verübt. Zu diesem Zeitpunkt war eine Identifizierung der Täter nicht möglich gewesen. Durch die Auswertung der Videoaufzeichnungen und der uns bekannten Personalien, hatten wir dazu beigetragen, dass diese Tätergruppe überführt und später verurteilt werden konnte. Das zu hören, kam für Benny und mich überraschend. Es ist erstaunlich, wozu manche Menschen fähig sind. Hier hatten wir auf jeden Fall die richtigen erwischt.

Wie ich also bereits sagte: Es sind die kleinen Dinge, die sich am Ende summieren.

Beschwipste Post

Als das Telefon klingelte, hob Manu den Telefonhörer ab. Ich versuchte zu lauschen. Doch es gelang mir nicht. An Manus Gesicht konnte ich erkennen, dass etwas ganz und gar nicht stimmte. Ich schaute ihn fragend an. Mit ernstem Blick drehte er sich zu mir um und meinte: »Da ist ein Mann aus seinem Lkw gefallen.«

Wochenende. Oder auch nicht. Wenn du im Schichtdienst arbeitest, dann existiert dieser Begriff für dich nicht. Dann hast du die Wahl zwischen arbeiten und frei. Solltest du selbst Schichtarbeiter sein, dann weißt du, wovon ich rede.

Für alle anderen, die jetzt denken: »Oh mein Gott wie schrecklich«, ich kann euch sagen, dass es halb so schlimm ist.

Natürlich ist dieser Wechsel der einzelnen Schichten nicht für Jedermann was und es gibt etliche Statistiken, die besagen, dass Schichtarbeit ungesund ist, aber ich finde schon, dass man einen Weg finden kann, damit klarzukommen. Während der normale Bürger von Montag bis Freitag für acht Stunden am Tag seiner Arbeit nach geht, haben wir auch unter der Woche mal einen freien Tag oder zwischen den Schichten 24 Stunden frei. Für gewöhnlich stehen einem im Monat zwei freie Wochenenden zu und sollte man sich Überstunden aufgebaut haben, kann man die jederzeit abbauen, solange die Mindeststärke (also die Anzahl an Beamten, die für diese Schicht da sein müssen) gegeben ist. So schlimm hört sich das doch gar nicht an, oder?

Heute, am Samstag, stand Tagesdienst auf dem Dienstplan. Ich finde diese Dienste angenehmer als normale Frühdienste, weil die Zeit schneller vergeht. Eigentlich eine dumme Begründung, aber eine bessere habe ich nicht. Bei einem normalen Frühdienst verbringe ich den Nachmittag damit, vor lauter Müdigkeit dahinzuvegetieren. Beim Tagesdienst merkte man die Müdigkeit weniger, weil man einfach mehr zu tun hatte. Aber spätestens am darauffolgenden Tagesdienst wurde aus dem Kampf gegen die Müdigkeit schon ein kleiner Krieg. Nachteule eben. Bis heute kann ich nicht verstehen, wieso Menschen freiwillig um 5:00 Uhr aus dem Bett springen.

Okay, im Sommer freue ich mich, wenn ich den Sonnenaufgang miterlebe. Aber lieber am Ende einer Nachtschicht als zu Beginn einer Frühschicht. Im Winter ist es ganz schlimm, wenn der der Tag mit Dunkelheit beginnt und endet. In diesen Monaten merke ich immer wieder, wie wichtig eine ausreichende Vitamin-D3-Zufuhr ist, um nicht in schlechte Laune zu verfallen. Und wie ich mich sonst motiviere? Ich liebe meinen Job und jeder muss mal in den sauren Apfel beißen und eine unangenehme Schicht übernehmen. Außerdem gab es Frühstück. Ich liebe ja essen und wie heißt es so schön: ohne Mampf kein Kampf.

Auch heute starteten wir mit einem ausgiebigen Frühstück, dann konnte der Dienst richtig losgehen. Ich möchte übrigens noch kurz erwähnen, dass ein gemeinsames Frühstücken nur dann möglich ist, wenn die Einsatzlage es zulässt. Oft muss man das Essen unterbrechen, weil die Pflicht ruft.

Meine Streifenpartnerin Vici war eine Kollegin mit bereits neun Jahren Diensterfahrung. Sie war schon auf einer anderen Dienststelle tätig und durfte auch schon die Arbeit der TOG kennenlernen, bevor sie auf dieser Dienststelle landete. Vici war ein laufender Meter in Blond, aber mit mindestens doppelt so großer Klappe und dreifach so großem Humor. Für mich war sie eine sehr liebenswerte Kollegin, die für alles ein offenes Ohr hatte.

Mit Vici rauszufahren ließ immer auf einen lustigen oder erlebnisreichen Dienst hoffen. Es gab bisher nicht einen Dienst, wo wir nicht irgendetwas erlebten, das mir bis heute in Erinnerung geblieben ist. Mit Vici musste ich zum Beispiel ständig Autos schieben. Aufgrund des Sports, den ich in meiner Freizeit betrieb, war die Rollenverteilung bei diesen Einsätzen schnell klar und wir mussten jedes Mal lachen, wenn alles mal wieder auf einen Einsatz für die Schieberin hindeutete.

Wir führten ein paar Verkehrskontrollen durch, bei denen wir keine Verstöße feststellen konnten. Am Wochenende sind meistens viele Familien auf den Straßen unterwegs, sodass es wahrscheinlicher ist, dass ein Verstoß vorliegt, wenn ein Bürger oder Verkehrsteilnehmer eine Meldung absetzt, als wenn wir selbst Kontrollen durchführen. Es sah ganz danach aus, als ob heute ein solcher Tag wäre. Grundsätzlich ist das gut, wenn sich alle ordnungsgemäß an die Vorschriften halten. Es konnte aber auch sein, dass wir einfach die falschen Personen einer Kontrolle unterzogen und uns die Verbrecher durch die Lappen gingen. Doch darüber sollte man sich keine Gedanken machen, denn erwischen konnte man sowieso nicht jeden.

Wir fuhren zurück zur Wache, um noch einige Schreibarbeiten zu erledigen. Auf der Wache saß unser wachhabender Kollege Manu. Er war dafür zuständig, die Einsätze, die telefonisch und über die Leitstelle aufliefen, an uns weiterzugeben.

Als wir durch die Tür traten, läutete gerade das Telefon. Manu nahm den Hörer ab und wechselte ein paar Worte mit dem Anrufer. Dann schaute er uns an und meinte: »Fahrt schon mal los in Richtung Bundesstraße. Näheres gleich über Funk.«

Also nichts mit Schreibarbeit erledigen. Doch das passierte häufiger. Dinge im Dienst sicher vorausplanen kann man nie, denn niemand weiß, was im nächsten Moment geschehen wird. Auch private Termine ohne ausreichend Puffer auf nach dem Dienst zu legen, ist immer riskant, weil es jederzeit passieren kann, dass man länger arbeiten muss. Doch das ist ok, sowas weiß man, bevor man diesen Beruf wählt.

Wir stiegen also wieder in unseren Funkstreifenwagen und gaben Gas in Richtung Bundesstraße. Es dauerte keine Minute, da knackte es im Funk.

»29/31 für Wache 27«

Jeder Streifenwagen und jede Wache hat seinen eigenen Rufnamen, wodurch alle Kollegen immer sofort wissen, wer angesprochen wird. Da ich heute für den Funk zuständig war, drückte ich den Knopf, um zu antworten: »Hier ist die 29/31.«

Das war der Rufname unseres heutigen Streifenwagens.

»Es wurde ein Lkw gemeldet, der erhebliche Schlangenlinien über beide Fahrstreifen der Straße fährt. Laut der Meldenden handelt es sich um eine tschechische Sattelzugmaschine mit Auflieger. Auf dem Auflieger steht die Aufschrift DHL. Das Fahrzeug ist gelb. Die Mitteilerin befindet sich noch dahinter«, gab Manu uns die Fakten durch.

»Alles klar, wir schauen«, gab ich zurück.

»Okay. Hier ging gerade eine weitere Meldung eines Verkehrsteilnehmers, dass man sich nicht mehr traue, vorbeizufahren, weil Schlangenlinien über die gesamte Fahrbahn gefahren werden«, mischte sich HOLLE in das Gespräch ein. HOLLE war der Name unserer Leitstelle, wo alle Anrufe eingehen, die über 110 getätigt werden.

»Ok, wir haben das verstanden.«

Das klang nach einem dringlichen Einsatz. Wir schalteten die Sonder- und Wegerechte ein, damit wir schnellstmöglich zum Einsatzort gelangten.

Es gab des Öfteren Meldungen über Fahrzeuge, die in Schlangenlinien fuhren, doch meistens stellte sich heraus, dass die Ursache Ablenkung durch Smartphones, Essen, Zeitungen lesen, etwas im Fahrzeug suchen war. Da könnte man eine endlos lange Liste aufstellen. Dieser Fall klang aber schon extrem und dass sich andere Verkehrsteilnehmer nicht mal mehr trauten vorbeizufahren, unterstrich die Dringlichkeit. Es war wichtig, den Lkw zu anzuhalten, bevor er abbog oder wir ihn verlieren konnten. Da die Anruferin sich noch dahinter befand, war die Gefahr, ihn zu verlieren, aktuell sehr gering. Leider werden oft auffällige Fahrzeuge gemeldet und dann setzen die Meldenden ihren eigenen Weg fort, wobei das gemeldete Fahrzeug aus den Augen verloren wird. In diesen Fällen haben wir, als Polizei, immense Probleme das Fahrzeuge ausfindig zu machen, wenn es abbiegt, auf die Autobahn fährt oder Ähnliches. Also bitte, bei einer abgesetzten Meldung hinter dem Fahrzeug bleiben, bis ein Streifenwagen in Sichtweite ist. Die Kollegen werden es danken.

Der Anfahrtsweg war nicht lang und wir waren zeitlich gut unterwegs. Nach etwa fünf Minuten konnten wir in einiger Entfernung den Umriss eines gelben Lkw erkennen. Dieser sollte sich beim Näherkommen als unser gesuchtes Fahrzeug herausstellen. Wir setzten uns vor das tschechische Fahrzeug, wobei mehrere Fahrzeugführer mit dem Finger auf den Lkw zeigten, als wir an ihnen vorbeifuhren.

Mit der Aufforderung ›BITTE FOLGEN‹ zogen wir ihn auf den nächsten freien Parkplatz, um dort eine Kontrolle durchzuführen. Eine Verkehrsteilnehmerin, vermutlich die Meldende oder eine von ihnen, folgte uns bis zum Parkplatz.

Angekommen, ging Vici zum Fahrzeugführer und ich zum Fahrzeug der Meldenden, um mich schnell ins Bild setzen zu lassen, was vorgefallen war. Hier traf ich auf die Fahrzeugführerin und ihren Ehemann auf dem Beifahrersitz. Beide sagten mir, dass sie seit geraumer Zeit hinterhergefahren seien und der Lkw alle Fahrspuren der zweispurigen Bundesstraße genutzt habe. Am Anfang sind einige Fahrzeuge vorbeigefahren, aber dann haben es sich die meisten nicht mehr getraut. Ich nahm ihre Angaben sowie die Personalien auf und kehrte dann schnell zu Vici zurück, damit sie nicht mit dem Fahrer allein sein musste.

Sie hatte bereits die Dokumente des Fahrers in der Hand und führte mit ihm ein Gespräch, soweit es die sprachlichen Barrieren zuließen. So wie das Fahrzeug von tschechischer Herkunft war, entpuppte sich der Mann vor uns ebenfalls als Tscheche.

Doch weder Vici noch ich konnten tschechisch. Ich hatte mal Russisch gelernt, doch das half uns gerade nicht weiter. Eigentlich verstand jeder ausländische Fahrzeugführer ein paar deutsche Worte, auch wenn er sich noch so begriffsstutzig anstellte. Das merkt man schnell, denn spätestens, wenn es ums Geld geht, sagt jeder: »Ich nix verstehen.«

Während ich neben Vici stand, stieg mir eine aufdringliche Alkoholfahne ins Gesicht. Ich verzog leicht das Gesicht.

»Ich hole mal den Alkomaten«, sagte ich zu Vici und ging zum Streifenwagen.

»Alles klar«, kam die Antwort.

Auch sie hatte die Fahne wahrgenommen, was unumgänglich war. Für alle die, die möglicherweise noch nie eine Verkehrskontrolle durchlebt haben oder nach Alkoholkonsum vor Fahrtantritt gefragt wurden: Ein Alkomat ist ein Testgerät zum Pusten, mit dem der Atemalkoholwert bestimmt wird. Aktuell ist es in Deutschland so geregelt, dass man sich ab 0,5 Promille (entspricht 0,25 mg/l) im Ordnungswidrigkeitenbereich befindet. Alles was über 1,1 Promille liegt, erfüllt den Straftatbestand. Dennoch ist es möglich, in den Straftatbestand reinzurutschen, wenn bereits bei geringerem Promillegehalt Ausfallerscheinungen auftreten.

Ich kam mit dem Gerät wieder und versuchte, dem Mann zu erklären, wie er hineinzupusten hatte. Dann hielt ich es ihm hin.

Nach dem Pusten erscheint auf dem Display ein kleines, sich drehendes Rad. Bei Personen, die 0,0 Promille pusten, zeigt das Gerät das Ergebnis relativ schnell an. Bedeutet also im Umkehrschluss, wenn das Rädchen sich ziemlich lange dreht, dann kann man schon recht früh erahnen, dass der Wert weder negativ noch geringwertig ist. Es piepte und uns wurde ein Wert angezeigt: 1,6 Promille.

Stolzer Wert, dachte ich. In dem Zustand ein Fahrzeug zu führen: einfach unverantwortlich.

Der Fahrzeugführer machte für dieses Ergebnis keinen sonderlich betrunkenen Eindruck. Ein deutliches Anzeichen dafür, dass er regelmäßig trank und sicherlich auch regelmäßig unter dem Einfluss von Alkohol ein Fahrzeug führte. Vermutlich kennt jeder Jemanden, der auch nach einer gewissen Menge an konsumieren Alkohol noch hinters Steuer steigt. Ich finde das einfach unverantwortlich dem eigenen und auch dem Leben anderer Gegenüber. Doch ich habe festgestellt, dass man solche Menschen nicht von ihrem Fehlverhalten abbringen kann, sie lernen nur durch Negativerlebnisse. Aus diesem Grund sind unserer Kontrollen auch so wichtig, um Schlimmeres zu verhindern. Wer nicht hören will, muss fühlen, und wer seinen

Führerschein aus einem solchen Grund verliert, der hat Pech gehabt. Aber wie Also baten wir ihn, seine wichtigsten Sachen zusammenpacken, und erklärten ihm, dass wir ihn mit zur Dienststelle nehmen würden. Wir setzten ihn auf die Rücksitzbank unseres Streifenwagens und fuhren zur Dienststelle.

Während Manu auf der Wache sich darum kümmerte, einen Arzt zu erreichen, denn es musste Blut abgenommen werden, um einen genauen Blutalkoholwert bestimmen zu können, suchte ich unser System nach tschechischen Formularen durch. Zwischen mehreren Dutzend Seiten von Formularen und verschiedenen Programmen fand ich schließlich, was ich suchte. Eine ausführliche Erläuterung einschließlich Belehrung zur vorliegenden Straftat in tschechischer Sprache, die ihm seine aktuelle Situation erklären sollte.

Ich gab dem Tschechen die Formulare in die Hand, damit er sie lesen konnte. Es ist wichtig, dass unser Gegenüber versteht, was wir von ihm oder ihr wollen und worin das Fehlverhalten besteht. Dafür ist es hilfreich, Dokumente in internationalen Sprachen zu besitzen.

Der Mann las die Formulare sorgfältig und setzte seine Kreuze. Über unsere Leitstelle hatte Manu veranlasst, dass, falls ein Kollege, der der tschechischen Sprache mächtig war, gerade im Dienst war, der sich auf unserer Dienststelle melden sollte.

Tatsächlich hatten wir Glück. Wenig später klingelte das Telefon und ein Kollege meldete sich. Dadurch war es uns sogar möglich, eine Aussage aufzunehmen. Wir setzten unseren tschechischen Fahrer ans Telefon, sodass er sich mit dem Kollegen austauschen konnte. Doch soweit ich mitbekam, wollte er wohl nicht viel zum Sachverhalt sagen.

Der Kollege teilte uns mit, dass er immer wieder äußerte, dass es ihm leidtat. Doch Reue bringt nicht sonderlich viel, wenn man bedenkt, was hätte passieren können.

Wir ließen durch den Kollegen übermitteln, dass er eine hohe Geldstrafe begleichen musste und wir seinen Führerschein einbehalten würden. Bei ausländischen Bürgern ist es so geregelt, dass die Geldstrafe immer direkt in Form einer Sicherheitsleistung einbehalten wird, wenn eine Zahlungsfähigkeit gegeben ist. Damit soll die Durchführung des

Verfahrens gewährleistet werden. Die Geldbuße später einzuholen, kann schwierig sein. Auf dem Führerschein würde so schnell wie möglich ein Sperrvermerk für Deutschland vermerkt werden. Somit war er hier nicht mehr befugt, ein Kraftfahrzeug zu führen.

Es wurde wieder tschechisch geredet und ich verstand wieder nur Bahnhof. Es schien mir wie eine Diskussion, doch am Ende wirkte es so, als ob der Fahrer nachgab.

Der Kollege sprach wieder mit uns, um uns das Gespräch zu reflektieren. Der Fahrer war einverstanden, weil er gemerkt hatte, dass ihm keine großartige Wahl blieb. Dennoch hatte er versucht, den Geldbetrag mit der Begründung zu drücken, dass er Kinder zuhause hatte. Doch der Geldbetrag wurde vom Richter festgesetzt und somit gab es daran nichts zu rütteln. Dann musste er sich Gedanken machen, wie er das Geld zusammen bekam. Als er alkoholisiert gefahren war, wusste er schließlich auch, welches Risiko er einging. Sowas konnte ich leiden. Kaum gab es Konsequenzen zu tragen, wurde versucht ein Schnäppchen zu machen.

Mittlerweile war der Arzt eingetroffen. Er nahm das Blut ab und führte noch ein bis zwei Reaktionstests durch. Das funktionierte ganz gut, weil der Arzt mit Händen und Armen zeigte, was er erwartete. Dann war die Blutentnahme für uns erledigt. In ein paar Wochen würden wir den genauen Blutalkoholwert (BAK) mitgeteilt bekommen.

Der Mann gab in gebrochenen Deutsch an, dass sein Chef einem anderen Fahrer Geld mitgeben würde und dieser in etwa sechs Stunden hier sein könnte. Vici und ich beschlossen deshalb, ihn zu seiner Sattelzugmaschine zurückzubringen und den Fahrzeugschlüssel einzubehalten. So konnte er sich für die nächsten Stunden in seinem Wohnraum aufhalten und für uns war gewährleistet, dass er das Fahrzeug nicht führen konnte. Danach begaben wir uns wieder zur Dienststelle, um uns endlich an die Vorgangsbearbeitung zu setzen.

Der Tagesdienst schritt langsam voran. Zwischendurch kamen noch kleinere Einsätze rein, die wir erledigten. Bisher war unser Erlebnis von heute Morgen der größte Fang, wie man umgangssprachlich manchmal sagte. Am frühen Nachmittag kehrte ein wenig Ruhe ein, sodass wir eine kurze Kaffeepause einlegen konnten.

Kurz nach 16:00 Uhr klingelte das Telefon. Manu ging ran. Ich behielt ihn immer im Auge, wenn das Telefon klingelte, um schneller zu erkennen, ob wir zu einem Einsatz mussten. An seinem Blick sah ich, dass irgendwas nicht in Ordnung war.

Auch Vici hatte ihn beobachtet.

»Was ist nun schon wieder?«, scherzte sie und grinste mich an. Manus Gesichtsausdruck war tatsächlich zum Wegschmeißen.

Manu drehte sich zu uns um: »Der Anrufer meldet einen Lkw-Fahrer, der gerade aus seinem Lkw mit tschechischen Kennzeichen gefallen ist, dann aber wieder einstieg und nun losgefahren sei. Er fährt gleich auf die Autobahn auf. Es handelt sich um einen gelben DHL-Lkw.«

Vici und ich schauten uns entgeistert an. Ich glaube, die Fälle der totalen Gesichtsentgleisung meinerseits sind zählbar. Diesen Moment konnte ich definitiv auf die Liste setzen.

»WTF?«, entwich es mir. Auch Vici schaute völlig ungläubig. Wie konnte das denn sein? Wir hatten doch seinen Fahrzeugschlüssel.

Wir nahmen die Beine in die Hand und sprinteten zum Streifenwagen. Blaulicht, Horn an und mit quietschenden Reifen ballerten wir vom Hof. Über Funk setzte Manu die benachbarte Dienststelle in Kenntnis und gab den Standort des Mitteilers durch. Die Kollegen hatten einen kürzeren Anfahrtsweg und würden womöglich eher vor Ort eintreffen können.

Vermutlich wird jetzt ein Grinsen über das ein oder andere Gesicht huschen. Ich muss auch immer noch den Kopf schütteln, wenn ich an diese absurde Situation denke. Wer Geschichten kennt, die diese übertreffen, immer her damit.

Natürlich weiß ich, dass es Menschen geben wird, die sagen werden: »Ach, haben die Bullen mal wieder nicht vernünftig gearbeitet.« Aber ich kann versichern, wir haben gründlich gearbeitet. Niemand rechnet damit, dass ein LKW-Fahrer für eine solche Situation einen

Plan B hat. Dennoch, wir konnten es nicht ungeschehen machen und nun galt es, die Kuh vom Eis holen.

»Hier ist der 24/21 für die 29er Kräfte. Wir sind gerade in Autobahnnähe und können euch unterstützen«, funkten die Kollegen der Nachbardienststelle uns an.

»Hier ist der 29/31. Wir haben das verstanden. Danke schon mal. Wir sind auch auf Anfahrt«, gab ich zurück.

Es waren gute Nachrichten, weil unsere Anfahrt noch dauern würde. Ein Rettungswagen war auch schon verständigt und auf der Anfahrt. Da wir nicht wussten, wie stark die Verletzungen des Lkw-Fahrers nach seinem Sturz waren, wären wir uns auf der sicheren Seite, wenn wir einen Rettungswagen vor Ort hatten.

»29/31 für die 24/21«, funkten die Kollegen.

»Hier ist die 29/31.«

»Wir haben das Fahrzeug gefunden. Wir setzen uns jetzt davor und ziehen ihn die nächste Ausfahrt runter.«

»Alles klar, wir sind auch gleich da.«

»Ok. Er hat jetzt spontan rechts auf dem Seitenstreifen angehalten. Wir gehen mal herüber und sprechen mit ihm. Der Rettungswagen ist auch schon vor Ort.«

»Ja, verstanden.«

Wenige Minuten später, trafen wir ein. Der gelbe Lkw mit Auflieger stand auf dem Seitenstreifen. Es handelte sich um das tschechische Fahrzeug von heute Morgen. Der Rettungswagen war nicht mehr vor Ort. Die Kollegen teilten uns mit, dass der Mann mit ins Krankenhaus verbracht wurde. Er hatte eine Kopfplatzwunde, die genäht werden musste.

Einer der beiden Kollegen überreichte mir den Fahrzeugschlüssel der Sattelzugmaschine. »Um das Fahrzeug kümmert ihr euch ja sicher«.

Ich hatte noch nicht geantwortet, da drehte er sich mit einem »Danke, Tschüss« um und ging zurück zu seinem Streifenwagen.

Verdutzt schaute ich ihm hinterher. Was sollte das denn?

Aus anderen Begegnungen wusste ich bereits, dass der Kollege nicht der sozialste war. Es gab schon einmal eine Situation zwischen uns, da hatte er etwas erzählt, was nicht stimmte. Die Sache klärten wir damals nur, weil ich ihn drauf angesprochen hatte. Aber wie man sieht, gibt es solche und solche Kollegen. Die einen würden niemals auf die Idee kommen, keine Hilfe anzubieten, und die anderen sind froh, wenn sie nur geringen Aufwand betreiben müssen.

Weil niemand von uns im Besitz eines LKW-Führerscheins war, mussten wir einen Abschlepper anfordern, um den Sattelzug von der Autobahn zu entfernen. Vici forderte über HOLLE einen an und relativ schnell erhielten wir die Rückmeldung, dass der in etwa 30 Minuten eintreffen würde.

Wir sicherten den Seitenstreifen mit ein paar Warnbaken ab und fingen an zu warten. Das klingt sehr langweilig und ich muss sagen, ich kann es auch nicht spannender klingen lassen.

Kurz vorher hatte ich mir das erste Mal in meinem Leben Gelnägel machen lassen und nach zwei Wochen festgestellt, dass es absolut nicht mein Ding war. Sie störten mich extrem, weil sie sich so komisch beschwerend anfühlten. Während wir warteten, fing ich also an, die Zeit dafür zu nutzen sie zu entfernen. Wegen der schlechten Qualität hatten sie sich sowieso schon halb abgelöst. Der Gedanke kam aus Langeweile, aber ich fühlte mich danach irgendwie erleichtert. Also Mädels, ich kann wirklich nicht verstehen was ihr an den Dingern findet. Ich werde künftig definitiv die Finger davonlassen.

»29/31 für die Wache 27«, wurden wir von Manu gerufen.

»Hier die 29/31«

»Die Zeugin, die gesehen hat, wie der Fahrer aus dem Führerhaus fiel, hat die Dienststelle aufgesucht und möchte eine Aussage zu machen. Das Krankenhaus hat angerufen. Schaut mal bitte, ob ihr eine Gesundheitskarte bzw. persönliche Sachen von dem Fahrer im Führerhaus findet und bringt die mit. Der geprüfte Atemalkoholwert liegt bei 2,3 Promille. Sie werden ihm im Krankenhaus noch einmal Blut abnehmen. Es sind noch Kollegen vor Ort, die bringen ihn dann hierher.«

»Alles klar, machen wir«, funkte Vici zurück.

Wir gingen zur Sattelzugmaschine und ich kletterte über die Beifahrertür ins Führerhaus. Ein paar persönliche Sachen packte ich in einer kleinen Tasche zusammen. Dabei fiel mir ein leicht geöffnetes Fach direkt neben dem Fahrersitz ins Auge. Als ich einen Blick hineinwarf, fand ich darin eine leere Flasche Korn und eine Flasche Weinbrand, in der vielleicht noch 200ml waren. Ich nahm eine der Flaschen in die Hand und hielt sie aus dem Fenster, um sie Vici zu zeigen.

»Schau mal, was ich gefunden habe. Hier ist auch noch eine zweite, da ist noch etwa ein Achtel drin.«

»Ja, dann ist ja alles klar«, meinte sie nur, »da hat er sich vorhin sicher noch einen hinter die Binde gekippt und den Mut gefasst, seine Tour fortzusetzen.«

Eine solche Aktion zu starten, erforderte schon ein gewisses Maß an Dreistigkeit. In diesem Fall konnte man nur hoffen, dass Richter und Staatsanwaltschaft das auch so sahen und er eine Führerscheinsperre bekam.

Nach der halben Stunde erschien das Abschleppfahrzeug. Die Laune des Fahrers schien nicht die beste zu sein, denn der sonst schon mürrische Inhaber war an diesem Tag besonders miesepetrig. Wie man sich so unfreundlich gegenüber anderen Menschen verhalten kann, ist mir unklar.

Der Sattelzug wurde ins Gewerbegebiet gefahren und dort abgestellt. Dann konnten wir den Rückweg zur Dienststelle antreten, um unsere Sachbearbeitung fortzusetzen. Die zweite Streife unserer Schicht hatte in der Zwischenzeit den Fahrer aus dem Krankenhaus zurück zu unserer Dienststelle transportiert. Natürlich würde ihm diese Fahrt in Rechnung gestellt werden. Wir sind schließlich kein Taxiunternehmen.

Bei unserer Ankunft kauerte er auf seinem Stuhl im Vorraum und gab keinen Ton von sich. Der Versuch, nochmal ein Gespräch mit ihm zu führen, verlief erfolglos.

Manu hatte mit einer Richterin gesprochen, die Geldstrafe

würde verdoppelt werden. Es waren noch höchstens zwei Stunden, bis der Arbeitskollege mit dem Geld eintreffen würde. Dann war das Thema für ihn für heute erstmal erledigt. Alles Weitere würde später kommen.

Für die verbleibende Zeit unseres Dienstes setzten wir uns an den Computer und dokumentierten die Geschehnisse der letzten Stunde, ergänzend zu denen von heute Morgen.

Das Geld nahmen wir nicht mehr entgegen, darum würde sich dann der Nachtdienst kümmern, denn der Arbeitskollege brauchte doch länger und erschien erst im Laufe des Nachtdiensts.

Nun bleibt die Frage zu beantworten, warum der Fahrer ein zweites Mal losfahren konnte. Das ist relativ einfach erklärt. Der Fahrzeugschlüssel, den er uns zuerst gegeben hatte, war, war überhaupt nicht dazu dagewesen, die Zugmaschine zu starten. Wozu er gut war, haben wir nicht herausfinden können. Aber er sah wie der Fahrzeugschlüssel für die Sattelzugmaschine aus, das kann ich versichern.

Es war also eindeutig, dass er uns absichtlich den falschen Schlüssel gegeben hatte und wir auf den Trick hereingefallen waren. Doch das Karma hatte sich gerächt.

Man könnte vielleicht meinen, es ist töricht von mir die Geschichte zu erzählen. Doch warum? Kein Mensch ist perfekt und man muss nicht immer nur von top gelaufenen Einsätzen berichten. Ich möchte es hier menschlich halten und Menschen, die schlecht reden gibt es sowieso immer.

CARfreitag

Ostern. Für Kinder das Spektakel mit dem Eiersuchen. Für Erwachsene der Stress, ein paar Geschenke zu finden und sie zu verstecken. Für Fahrzeugtuner der legendäre Carfreitag. Für Polizeibeamte ein Anlass, Sonderdienste zu versehen.

Es war ein warmer Karfreitag. Strahlender Sonnenschein und über 20 Grad. Das perfekte Wetter. Eigentlich zieht man es vor, bei diesem Wetter in der Sonne zu liegen und seinem Körper die erste Sommerbräune zu gönnen. Da ich aber ein Freund von Tuning und Fahrzeugen bin, zählte ich zu den Beamten, die heute einen Sonderdienst mit dem Schwerpunkt Tuning versahen.

Ihr habt vielleicht schon einmal davon gehört, dass in Großstädten wie Hamburg und Köln Kontrollen gegen Tuner groß aufgezogen werden. Das ist hier bei uns nicht der Fall. Wir haben hier zwar eine Arbeitsgruppe, aber keine Sonderkommission (Soko). Dafür ist das Interesse an Tuning in unserem Zuständigkeitsbereich zu gering. Mein Kollege Janosh und ich besetzten heute ein ziviles Fahrzeug, um halbwegs unerkannt durch die Gegend zu streifen. Auch die Uniform blieb heute im Schrank. Es war schön, bei diesem warmen Wetter sommerliche Kleidung zu tragen. Der dunkle Uniformstoff zieht die Wärme stark an und außerdem sind die eigenen Sachen die bequemsten. Ich bin sowieso ein Verfechter davon, dass Uniform mehr Slimfit geschnitten werden sollte. Niemand mag zu kurz, aber zu weit geschnittene Hemden und Hosen, die einen gleich zwei Kleidergrößen breiter aussehen ließen.

Wir starteten gegen Mittag, weil dann die ersten Tuner für gewöhnlich zu ihren Treffen fahren. Zumindest kenne ich es so, da ich privat auch gelegentlich welche besuche. Offiziell waren keine

Treffen angesetzt, weil, wie ich bereits sagte, in der Region hier das Interesse an Tuning eher gering war.

Die ersten Stunden verliefen ziemlich erfolglos. Dann hatten wir zufällig einen uns sehr laut erscheinenden Audi A4, älteres Modell, vor uns. Wir winkten mit unserer Kelle und symbolisierten ihm, anzuhalten, damit wir eine Kontrolle durchführen konnten.

»Guten Tag. Eine Verkehrskontrolle. Bitte einmal den Führerschein und Fahrzeugschein sowie alle Dokumente, die Sie für technische Veränderungen besitzen«, begrüßte ihn Janosh.

Auf den ersten Blick fiel die Rad-Reifenkombination ins Auge. Auf dem Fahrzeug befanden sich andere, wesentlich größere Reifen, als im Fahrzeugschein eingetragen waren.

Janosh war das auch schon aufgefallen. Der Fahrer hatte ihm nur den Führerschein und Fahrzeugschein ausgehändigt.

»Haben Sie noch Dokumente für die Reifen und die Felgen?«, hakte Janosh noch mal nach.

»Nein, ich habe nur das«, kam die Antwort.

»Okay, öffnen Sie bitte einmal die Motorhaube.«

Was das Thema Tuning angeht, ist Janosh Spezialist. Er lebt das Thema. Privat besitzt er mehrere Fahrzeuge, teilweise auch mit technischen Veränderungen. Sein technisches Verständnis und sein Wissen bringen mich regelmäßig zum Staunen. Jeder Dienst mit ihm fühlt sich für mich wie eine Weiterbildung an. Er erkennt auf hundert Meter Entfernung, ob ein 3er BMW die Reifen von einem X5 aufgezogen hat, oder ob der Reifen auf die entsprechende Felge darf. Da kam ich dann nicht mehr mit. Ich würde meinen, dass ich nach den drei Jahren, in denen ich mich mittlerweile dienstlich mit Tuning beschäftigte, auch einiges an Wissen erlangt hatte. Doch trotzdem kam ich manchmal an den Punkt, wo ich danebenstand, und mir dachte: Wie kann man das bloß alles wissen?

Das, was unter Motorhaube zum Vorschein kam, erschien mir ziemlich unspektakulär.

Doch Janosh erkannte sofort zwei Elemente, die zu einer Xenonnachrüstung gehörten.

»Sie haben Xenonscheinwerfer nachgerüstet. Das passt so leider nicht«, konfrontierte er den Fahrer sofort.

»Was? Das kann nicht sein. Ich habe doch eine Scheinwerferreinigungsanlage.«

»Die haben Sie, aber leider sind Ihre Scheinwerfer nur für Halogenleuchten ausgelegt. Somit ist Ihre Betriebserlaubnis erloschen.«

Da war sein Auge wohl mal wieder besser als meins gewesen.

Als Nächstes packte Janosh sein Dezibel-Messgerät aus. Grundsätzlich darf der im Fahrzeugschein eingetragene Wert nur um fünf Dezibel überstiegen werden.

»Ich würde gern einmal die Lautstärke des Fahrzeuges überprüfen. Es erscheint mir mächtig laut. Haben Sie da etwas verändert?«

»Nicht wirklich. Irgendwann habe ich mal den Mittelschalldämpfer ausgetauscht. Das ist aber ein Original-Audi-Ersatzteil gewesen.«

»Ja natürlich, das ist es immer«, antwortete Janosh in seiner manchmal etwas forschen Art. Aber ich konnte ihn verstehen. Es war ein Standardspruch. Genauso wie die Aussagen: »Ich habe das Fahrzeug so gekauft«, »Der war doch aber erst beim TÜV« oder »Ich habe doch hier aber eine Bescheinigung".

Es ist wirklich immer das gleiche Gerede. Anscheinend kaufen sich viele Menschen ein Auto, ohne etwas über den aktuellen Zustand ihres Fahrzeugs zu wissen. Auf einige Sachen achtet der TÜV nicht und manche werden übersehen. Immerhin bekommt man heutzutage alles, wenn man die richtigen Leute kennt. Oft wird auch eine Prüfbescheinigung vorgezeigt, die man im Internet ausdrucken kann, mit der aber noch eine Eintragung in den Fahrzeugschein vorgenommen werden muss. Meistens steht diese Auflage sogar direkt auf der ersten Seite. Doch viele Menschen schaffen es, diesen Satz zu überlesen. Womit wir wieder beim Thema wären, Auto gekauft und nicht wissen, in welchem Zustand es sich befindet.

Dieser Fahrzeugführer hier wusste zumindest, welche Veränderungen an seinem Fahrzeug vorgenommen worden waren.

Janosh stellte das Dezibel-Messgerät auf, um herauszufinden, mit welcher Lautstärke das Fahrzeug auf den Straßen unterwegs war. Dann gab er dem Fahrer Anweisungen, wie er das Gaspedal betätigen sollte. Am Ende zeigte das Gerät einen Wert von 93 Dezibel. Das waren ganze 16 Dezibel mehr als eingetragen und somit war das Fahrzeug deutlich zu laut. Wir dokumentierten unsere Feststellungen und die gesamten Veränderungen, die dazu geführt hatten, dass die Betriebserlaubnis erloschen war, und gaben dem Mann zwei Wochen Zeit, um alle Mängel zu beseitigen. Ein Bußgeld aufgrund der vorliegenden Ordnungswidrigkeit würde er natürlich trotzdem bekommen.

Wir stiegen wieder ins Fahrzeug und setzten unsere Tour fort. Es dauerte keine fünf Minuten, da hatten wir eine fette Corvette vor uns. Ich sage bewusst fette Corvette, denn jeder, der sich auch nur ein kleines bisschen für Autos interessiert, der weiß, was das für eine Maschine ist. Diese hier war sehr schön und mit einem geschwärzten EU-Feld auf den Kennzeichen ein interessantes Kontrollfahrzeug für uns. Also das gleiche Spiel. Mit unserer Kelle gaben wir das Anhaltesignal. Kaum waren beide Pkws zum Stillstand gekommen, sprang der Fahrer aus der Corvette und kam auf uns zu.

»Guten Tag, einmal eine Verkehrskontrolle. Ich hätte gern den Führerschein, Fahrzeugschein und alle Dokumente für technische Veränderungen gesehen, falls Sie welche vorgenommen haben«, erklärte ich ihm freundlich.

Janosh, wieder voll in seinem Element, konnte natürlich nicht lange an sich halten. »Das Bekleben von Kennzeichen ist nicht erlaubt«, teilte er dem Fahrer sofort mit.

Darüber war der Fahrer nicht sonderlich überrascht und fühlte sich vorbereitet. »Ja, das Thema hatte ich schon mal mit Kollegen von Ihnen. Dazu habe ich etwas.« Er reichte uns ein Gerichtsurteil, dem zu entnehmen war, dass es sich nicht um Urkundenfälschung handelte. Das wussten wir längst. Was er nicht wusste, war, dass es trotzdem nicht erlaubt war, Kennzeichen mit Folie zu bekleben.

»Das kennen wir. Doch es ist absolut nicht von Bedeutung, ob hier keine Urkundenfälschung vorliegt. Es ist trotzdem nicht erlaubt, das Kennzeichen mit etwas zu bekleben. Also die Folie muss runter«, sagte Janosh.

Unlogischerweise klebte die Folie nur auf dem hinteren Kennzeichen.

Währenddessen die Männer diskutierten, warf ich einen Blick auf die Bereifung. Die Laufflächen der riesigen Räder waren an der Außenseite komplett abgelaufen. Die Reifen hatten an den Stellen kein Profil mehr und wie man in der Fahrschule lernt, müssen Reifen eine Mindestprofiltiefe von 1,6 mm aufweisen. Für sicheres Fahrverhalten werden sogar 3–4 mm empfohlen.

»Ihre Reifen sind nicht verkehrssicher«, sprach ich und zeigte auf die Reifen.

»Das kann nicht sein. Die sind so. Das ist absolut normal, dass außen weniger Profil ist. Das werde ich nachweisen lassen.«

Unsere Kritik konnte der Fahrer überhaupt nicht verstehen. Er entstand erneut eine rege Diskussion, der Janosh natürlich ohne Probleme trotzte. Ich hielt mich zurück, reicht schließlich, wenn einer gegen die Wand redet.

»Ja, diese Reifen haben für gewöhnlich außen weniger Profil, aber trotzdem ist die Mindestprofiltiefe unterschritten und so dürfen Sie nicht weiterfahren«, hörte ich Janosh sagen. Ich notierte mir die Mängel und gab dem Fahrer einen Mängelschein mit einer zeitlichen Frist. Außerdem bekam er den Hinweis mit auf den Weg, dass er mit diesen Reifen nur noch nach Hause fahren sollte. Dann war auch diese Kontrolle beendet.

Wir streiften weiter durch die Landschaft, die zu dieser Jahreszeit besonders schön war. Im Laufe des Tages kontrollierten wir noch ein, zwei Fahrzeuge, aber was richtig Großes war nicht dabei.

Gegen späten Nachmittag schrieb mir ein Kollege, dass sich in der Nähe eines großen Einkaufszentrums mehrere Tuner versammelt hatten, die anscheinend dachten, sie hätten tolle Autos. Wir machten uns auf den Weg und bemerkten auf der Anfahrt, das ein oder andere

Fahrzeug, das anscheinend das gleiche Ziel hatte. Als wir uns dem riesigen Parkplatz näherten, konnte man schon von Weitem ein paar Fahrzeuge erkennen. Janosh wollte erstmal nur einen Kreis drehen, um zu schauen, was für Menschen sich hier trafen. Aktuell standen um die 30 Fahrzeuge auf dem Platz. Die Zahl stieg an, da immer weitere Autos ankamen. Wir stellten uns etwas abseits auf und Janosh nahm fernmündlich Kontakt zu Kollegen aus anderen Dienststellen auf, die heute ebenfalls Sonderdienst versahen. Sie freuten sich über den Anruf, denn anscheinend war in ihren Bereichen dieses Jahr auch nicht viel los. Sie gaben an, dass sie bis zu unserem aktuellen Standort etwa 30 Minuten brauchen würden. Wir beschlossen, so lange ein wenig abseits der Tuninggemeinschaft zu warten. Ich ließ die Fensterscheibe runter und genoss die Sommerluft. Es war ein so unglaublich schöner Tag.

»29/36 für 24/01«, wurde unsere Ruhe gestört, denn 29/36 war unser Rufname heute. Schien so, als ob unsere Nachbardienststelle Unterstützung benötigte.
»Hier ist die 29/36.«
»Bei euch um die Ecke gab es einen schweren Verkehrsunfall. Ihr müsstet mal bitte unterstützen.«
»Machen wir.«
»Meldung ist bisher: Ein Kraftradfahrer verletzt. Die Schwere der Verletzung ist noch nicht bekannt. Der Rettungswagen ist auf Anfahrt.«
Oha, war das erste, was mir in diesem Moment in den Sinn kam. Es kommt öfter vor, dass die Meldung eines schweren Verkehrsunfalles eingeht. Meist stellt sich der Verunfallte dann später aber doch als leichtverletzt heraus. Wenn eine Person wirklich als schwerverletzt galt, dann bedeutete das einen Kampf zwischen Leben und Tod. Die Entspannung war wie weggeblasen. Nun hieß es volle Konzentration und darauf reagieren, was uns erwartete.

Wir mussten nur zweimal abbiegen und waren bereits am Einsatzort. Es war noch kein anderer Einsatzwagen vor Ort. Das bedeutete

Chaosphase. Noch alles unklar, durcheinander und hektisch. Als erstes mussten wir uns darum kümmern, die Straße abzusperren, um Sicherheit zu gewährleisten und Schaulustige fernzuhalten.

Bei der Unfallörtlichkeit kreuzte die Landstraße eine Nebenstraße, die unmittelbar in ein Wohngebiet führte. Ich sah zwei Personen, die über eine weitere am Boden neben der Leitplanke liegenden Person gebeugt waren. Dazwischen war ein Motorrad erkennbar, das zwischen Schutzplanke und der Person auf der Seite lag. Ein wenig abseits standen noch zwei weitere Personen.

Janosh kümmerte sich um die Absperrung, während ich zu der am Boden liegenden Person rannte. Ich spürte, wie mein Herz schneller schlug, als ich die verletzte Person am Boden und die Verzweiflung der Menschen sah, die über sie gebeugt waren.

Das ist der Moment, in dem man sich übernatürliche Kräfte herbeiwünscht und versprechen möchte, dass alles wieder gut wird. Dass es sich hier tatsächlich um eine schwerverletzte Person handelt, war sofort klar. Die verletzte Person am Boden war ein Mädchen, wahrscheinlich nicht älter als ich. Ein Bein war unnatürlich verdreht, das andere klemmte zwischen der Schutzplanke und dem Motorrad. Sie musste mit ihrem Motorrad gegen die Schutzplanke gerutscht sein und sich dann da verkantet haben. Ihr Gesicht war noch unter dem Motorradhelm verborgen, nur das Visier war geöffnet.

Bei den beiden Männern, die über sie gebeugt standen, handelte es sich zum einen um einen Ersthelfer, der angab, dass er als Rettungssanitäter arbeitete. Der andere Mann schien der Vater zu sein, so, wie er mit dem Mädchen redete. Ich atmete tief durch und sagte mir innerlich, dass hier höchste Konzentration und sauberes Arbeiten gefordert waren.

Inzwischen war noch ein weiterer Helfer eingetroffen. Wir beschlossen, den Motorradhelm abzunehmen, um dem Mädchen die Atmung zu Erleichtern und der Gefahr des Erstickens zu verringern. Ganz langsam und vorsichtig, so wie ich es im Erste-Hilfe-Kurs gelernt hatte, nahmen wir ihr zu dritt den Helm ab. Zum Vorschein kam ein hübsches Gesicht. Ihre Nase und Wangen zierten viele kleine Sommersprossen, ihre Augen waren tiefgrün und braune Locken umrandeten das symmetrisch verlaufende Gesicht. Aber ihr ging es richtig dreckig und ich hoffte inständig, dass der Rettungswagen nicht mehr lange brauchen würde. Sie gab ein dauerhaftes brummendes Geräusch von sich, was erahnen ließ, welchen schrecklichen Schmerzen sie ausgesetzt war. Vielleicht wollt sie auch etwas sagen, doch das konnte sie nicht. Als sie den Mund öffnete, quoll Blut über ihre Lippen und mein Bauchgefühl sagte mir, dass es für sie ums nackte Überleben ging. Der Mann, der tatsächlich ihr Vater war, stand über sie gebeugt und wiederholte immer wieder »Meine Motte, meine Motte«. Ein monotoner Singsang, den ich so schnell nicht vergessen werde. In seinen Augen sammelten sich die Tränen. Es war ein unglaublicher Moment. Man möchte so gerne helfen, etwas tun ... Doch man kann nicht.

Man sieht, wie der eigene Vater mit ansehen muss, wie seine Tochter leidet und es ihr zunehmend schlechter geht, doch auch er kann nichts tun. Noch schlimmer wurde es jedoch, als die Mutter vor Ort erschien und heulend in den Armen ihres Mannes zusammenbrach.

Es ist schrecklich einen geliebten Menschen zu verlieren, aber ich glaube, ein Kind zu verlieren, ist nochmal wesentlich schlimmer. Das Kind, das dein Ein und alles ist, das du großziehst, beschützt, dem du alles beibringst und mit dem du so viel erlebst. Auf einmal entgleitet dir die Situation und du hast keinen Einfluss mehr auf die Zukunft. Das Schicksal ist nicht vorhersehbar. Aus diesem Grund sage ich immer, dass es wichtig ist jeden Tag zu genießen und nicht im Streit auseinander zu gehen. Ich möchte zwar keine Kinder, also wird mich eine solche Situation nicht treffen, aber Menschen, die man liebt, kann man schließlich auch verlieren.

Der Notarzt und der Rettungswagen trafen ein. Endlich. Mittlerweile waren auch noch zwei Streifenwagen mit Kollegen eingetroffen, die die Absperrmaßnahmen unterstützten und mit der Sachverhaltsaufklärung begannen. Es waren nur Minuten vergangen seit unserem Eintreffen, doch es fühlte sich wie eine Ewigkeit an. Der Arzt und die Sanitäter stürzten sich sofort mit allen möglichen

Utensilien auf das Mädchen. Ich konnte noch sehen, wie ihre Sachen aufgeschnitten wurden, bevor man ihren Körper abtastete und sich um die Beatmung kümmerte. Wir Kollegen entfernten uns, um denen, die Ahnung vom Leben retten hatten, genug Platz zum Arbeiten zu lassen.

Meine Kollegin Julia hatte bereits die Personalien der Mutter aufgenommen. Der Freund des Mädchens war ebenfalls vor Ort aufgetaucht. Er sah ebenfalls aus, als würde er gleich zusammenbrechen. Er versuchte immer wieder, sich von dem Anblick, der sich ihm bot, abzuwenden. Doch es gelang ihm nicht. Ich verspürte ein beklemmendes Gefühl in der Magengegend.

Wie sich herausstellte, war die ganze Familie vor Ort, weil sie direkt hier um die Ecke wohnten. Die Tochter war sozusagen direkt vor der Haustür verunfallt. Ich hoffte inständig, dass sie alles gut überstehen würde, damit ihre Eltern nicht täglich an diesen Tag erinnert würden, wenn sie an der Abzweigung vorbeikamen. Vor Ort erschien eine Pastorin, anscheinend eine gute Freundin der Familie, zumindest stellte sie sich so vor.

Bei solchen Unfällen ist es immer wichtig, einen Seelsorger heranzuziehen. Diese Aufgabe kann auch ein Pastor/eine Pastorin wahrnehmen. Doch weil diese Frau mit der Familie in engem Kontakt stand, wollten wir einen anderen Seelsorger hinzuziehen. Das gefiel der Pastorin gar nicht, die trotz Tränen in den Augen wütend wurde und der Meinung war, dass sie ihrer Aufgabe gewachsen sei. Wir ließen sie bei der Familie stehen und verständigten trotzdem einen zweiten unabhängigen Seelsorger.

Ich ging zum Vater, der nun ein wenig abseitsstand und den Rettungskräften beim Arbeiten zusah.

»Können Sie mir den Namen Ihrer Tochter nennen und sagen was passiert ist?«, versuchte ich, mit dem Vater Kontakt aufzunehmen. Ich wollte schauen, inwieweit er zu einem Gespräch in der Lage war. Doch viel konnte er nicht sagen.

»Ich weiß nicht was passiert ist. Wir haben eine Motorradtour gemacht. Wir sind gemütlich gefahren, nur die 70 km/h, die erlaubt waren. Auf einmal habe ich gemerkt, dass sie nicht mehr hinter mir war. Als ich mich umdrehte, sah ich schon den Mann hier«, er zeigte auf den Ersthelfer, der jetzt ein paar Meter entfernt stand, »neben meiner Tochter. Sie lag am Boden. Ich weiß nicht, was passiert ist. Sie fährt schon einige Jahre Motorrad und hat dementsprechend Erfahrung.«

»Okay.« Mehr brachte ich als Antwort nicht hervor. Ich notierte mir alles, sowie seine Personalien und entschied, ihn erstmal in Ruhe zu lassen. Ich ging zu dem Ersthelfer herüber, der ebenfalls Motorradbekleidung trug, um ihn nach dem Unfallhergang zu befragen.

Auf dem Weg zu ihm kam mir die Mutter des Mädchens entgegen. Sie hatte von den behandelnden Sanitätern die Worte *Thorax instabil* aufgeschnappt.

»Was bedeutet das?«, fragte sie leicht panisch. Sie beobachtete angespannt, wie um das Leben ihrer Tochter gekämpft wurde.

Sie sprach weiter: »Mein Sohn hatte letztes Jahr einen Motorradunfall auf der Autobahn. Was bedeutet denn *Thorax instabil?*«

Julia, die zufällig in der Nähe stand, hatte das Gesagte mitgehört. Wir schauten uns an und mussten schlucken. Wir beide spürten den besagten dicken Kloß im Hals.

»Ich habe keine ärztlichen Kompetenzen und kann Ihnen die Frage nicht beantworten«, versuchte ich mich aus der Situation zu retten. Ich wollte die Frage auch gar nicht beantworten. In solchen Momenten klammern sich Menschen an jedes Wort, was auch nur ansatzweise Platz für positive Interpretation lässt. Natürlich wusste ich, was die Sanitäter meinten, aber ich wollte die Situation nicht noch verschlimmern.

»Ich bitte Sie, drehen Sie sich um, schauen Sie nicht immer hinüber. Diese Bilder, die Sie da sehen, werden Sie nie wieder vergessen, falls dieser Tag kein gutes Ende nimmt. Die bleiben für immer in Ihrem Kopf«, versuchte ich ein paar passende und einfühlsam klingende Worte zu finden.

Natürlich wusste ich aber genauso, dass sie nicht einfach wegschauen konnte und mein Gerede an ihr abprallte. Ich wandte mich ab, um zu dem Ersthelfer zu gehen, was ich eigentlich vorgehabt hatte.

Er machte einen recht gefassten Eindruck.

»Geht es Ihnen so weit gut?«

Er nickte.

»Was können Sie mir zum Unfallhergang sagen?«, fragte ich ihn.

»Das Mädchen und ihr Vater kamen mir auf der Gegenfahrbahn entgegen. Er fuhr vorneweg und sie hinterher. Auf einmal fing sie an zu straucheln und fuhr geradeaus gegen die Schutzplanke. Warum, kann ich nicht genau sagen. Ich habe sofort angehalten, um ihr zu helfen. Ihr Vater hat den Sturz dann auch bemerkt und kam zurück.«

Die Straße verlief im Bereich der Unfallstelle in einer leichten Linkskurve. Die Kurve entsprach höchstens einem Winkel von 20 Grad. Somit war unklar, wieso sie in dem Moment die Kontrolle verloren hatte. Da sie laut ihrem Vater schon länger Motorrad fuhr, sollte so ein kleiner Schlenker nach links sie eigentlich nicht aus der Fassung bringen. Doch irgendwas war geschehen.

Ich notierte mir Aussage und Personalien und bedankte mich. Dann ging ich zu Janosh herüber. Er teilte mir mit, dass ein Hubschrauber auf dem Weg war, um das Mädchen in das nächstgelegene Krankenhaus zu verbringen. Weil mittlerweile so viele Kollegen vor Ort waren, waren wir überflüssig und konnten unserem Sonderdienst weiter nachgehen. Ich war so beschäftigt gewesen, dass ich die ganze Zeit überhaupt nicht darauf geachtet hatte, was die anderen Kollegen um mich herum gemacht hatten.

Janosh nahm fernmündlich nochmal zu den Kollegen der anderen Dienststellen Kontakt auf, um einen Treffpunkt bezüglich unserer Tuningkontrolle zu vereinbaren. Sie waren längst eingetroffen und warteten auf einem Parkplatz auf uns.

Natürlich kann man nicht einfach einen Schalter umlegen, nur, weil man aus dem Einsatz entlassen wurde. Sowas schwirrt einem noch durch den Kopf und da spricht man dann im Auto nochmal drüber, was auch ganz wichtig ist. Janosh hat selbst Kinder und natürlich ließ auch ihn das nicht kalt.

»Mir stehen diese ganzen Sorgen, Ängste und Nöte noch bevor«, sagte er zu mir, als wir im Wagen saßen.

Darauf wusste ich nicht so recht, was ich antworten sollte.

Dass die Eltern mit ansehen mussten, wie ihr Kind daliegt und leidet. Die Angst in ihren Augen. Das fand ich so schlimm. Aber ich bin ein Mensch, der solche Einsätze gut ertragen kann, weil ich emotionale Sachen selten an mich ranließ und außerdem wusste, dass es mich nicht betraf, nicht mein Leben war. Dass meine emotionale Abgestumpftheit nicht normal ist, habe ich vor ein paar Jahren festgestellt und angefangen zu analysieren. Ich bin wohl mit weniger Zuneigung und Liebe und mehr Wut und Unzufriedenheit als üblich aufgewachsen. Ein Familiengefühl gab es nie und gibt es bis heute nicht. Ich schätze, aus diesem Grund habe ich auch kein Interesse daran, eine eigene Familie zu gründen. Um zu diesem Ergebnis zu kommen, brauchte ich keine psychologische Behandlung, es reichte ein bisschen Selbstreflexion. Möglicherweise bin ich dadurch manchmal ein wenig egoistisch, aber für die Menschen, die ich liebe, würde ich mein letztes Hemd opfern. Ich bin im Reinen mit mir selbst und für Sachen, die mich belasten, finde ich einen Weg.

Wir trafen auf dem Parkplatz ein, in Sichtweite zu dem Platz, wo das Tuningtreffen stattgefunden hatte.

Die Gruppe hatte sich mittlerweile aufgelöst und die Gegend war wie leergefegt. Wir besprachen uns, berichteten von dem Unfall, durch den wir verhindert gewesen waren, und beschlossen, im Umkreis noch ein wenig zu streifen. Es war auch schon spät und ich drängte auf den Feierabend, da ich geplant hatte, den Tag mit einem »Grillerchen« abzuschließen. Das Gute an Sonderdiensten war, dass man die Dienstzeit beliebig legen konnte. Wir fuhren noch etwa eine halbe Stunde durch den Landkreis und kehrten dann zur Dienststelle zurück. Eine Stunde später als ursprünglich geplant machten wir Feierabend.

Bei Sonderdiensten füllte sich komischerweise immer mein Überstundenkonto, obwohl man eigentlich pünktlich Feierabend machen konnte, da man von den regulären Einsätzen befreit war. Es war ein spektakulärer Tag gewesen, den ich wohl noch eine Weile in Erinnerung behalten würde.

Am nächsten Tag versah ich einen halben Nachtdienst, da am darauffolgenden Tag noch einmal Sonderdienst im Rahmen von Tuning auf dem Plan stand.

Wie jeder Polizeibeamte zu Beginn seines Diensts widmete auch ich mich zuallererst meinen E-Mails. Bei Unfällen wie es bei dem vom Vortag wurde immer eine Ereignismeldung zur Kenntnis an die Dienststellen im Umkreis abgegeben.

Der Meldung konnte ich entnehmen, dass es das Mädchen nicht geschafft hatte. Ich hatte inständig gehofft, dass sie es schaffen würde. Doch bereits zu dem Zeitpunkt, wo Janosh und ich Feierabend gemacht haben, war sie ihren Verletzungen erlegen. Durch den Aufprall mit der Schutzplanke muss es zu einem Leberriss gekommen sein. Die Ärzte konnten sie nicht mehr retten.

Es heißt immer, die Einsätze, bei denen Menschen sterben, vergisst man nicht. Ich finde, das hat etwas Gutes, denn so bleiben die Toten irgendwie lebendig. Die Bemühungen, die man investiert hat, man hat sein Bestes gegeben.

Auch ich werde diesen Einsatz nie vergessen. Das hübsche Mädchen mit den Sommersprossen und den tiefgrünen Augen. Wie sie dalag und ihr Vater sich über sie beugte. Heute stehen Kerzen und Blumen am Unfallort. Zwei Wochen später traf ich ihren Bruder bei einer Unfallaufnahme nach einem Auffahrunfall mit Sachschaden. Er entschuldigte sich, nicht ganz beisammen gewesen zu sein, weil seine Schwester gerade gestorben war. Ich sprach ihm mein Beileid aus und sagte ihm, dass ich an jenem Tag vor Ort gewesen war. Er tat mir leid, doch das war alles was ich tun konnte.

Der Tod gehört leider zum Leben und solche Einsätze zum Job. Es ist nur ein Einsatz und jeder sollte versuchen, solche Geschehnisse nicht zu nah an sich heranzulassen. Das Leben geht immer weiter. Aber natürlich gibt es auch Polizisten/-innen, die mit solchen Einsätzen nicht so gut umgehen können.

Ich für meinen Teil bin auf jeden Fall dankbar für jede Erfahrung, die ich machen kann, auch wenn sie nicht immer schön ist.

Die Welt von oben

Eine Geschichte, die vielleicht nicht zu den anderen passt. Aber das war mein schönster Dienst bisher und den möchte ich euch nicht vorenthalten.

Es passieren im Schichtalltag so viele Sachen, von denen die Außenwelt meist gar nichts mitbekommt. Neben den Einsätzen und dem Ahnden von Straftaten/Ordnungswidrigkeiten muss viel organisiert werden, viele Besprechungen gehalten und sich um das Intakthalten der genutzten Ausrüstung gekümmert werden. Das passiert hinter verschlossenen Türen, davon bekommt niemand etwas mit. Viele Menschen haben Vorurteile, sehen nur das, was sie sehen wollen. Und manche meinen, dass wir nichts Besseres zu tun hätten, als sie zu ärgern.

Wenn man mit dem Kollegen im Streifenwagen sitzt und durch die Gegend streift, beobachtet man die Menschen, ihre Art oder ihr Verhalten. Einiges versteht man, einiges belächelt man, einiges kommentiert man, gelegentlich greift man sich auch an den Kopf. Es gibt komische Menschen. Auf der Straße, im Alltag, bei der Polizei. Verschont wird man nirgendwo. Doch ohne sie wäre die Welt nicht, wie sie ist. Wir brauchen genau diese Personen. Es gibt die unterschiedlichsten Typen. Einige kleiden sich sehr speziell, andere verhalten sich hyperaktiv, einige legen Eigenarten an den Tag, andere widmen ihr gesamtes Leben der Erbringung von guten Taten und wiederum andere kommen nicht ohne einen ständigen Spruch auf den Lippen durchs Leben, wobei sie es schaffen, trotzdem, immer gut anzukommen. Es sind nur ein paar Beispiele, aber ich glaube, jeder kennt mindestens eine Person, die eine dieser Kategorien angehört. Und manchmal finden wir uns auch selbst in diesen Reihen wieder.

An diesem Tag war ich mit einem älteren Kollegen, Mitte bis Ende fünfzig unterwegs. Manche halten ihn für unmotiviert, aber das war nicht mein erster Dienst mit ihm und ich bestreite ich diese Aussage vehement. Er ist vielleicht ein wenig langsamer und von der alten Schule, aber er ist immer offen für Neues.

Da muss ich an eine gemeinsame Einsatzfahrt denken. Normalerweise war er immer der Fahrer, doch an jenem Tag hatte ich ihn gefragt, ob ich fahren könne. Als wir zu einer Alarmauslösung mussten und mit Blaulicht und Horn über die Landstraße fegten, wurde ihm ganz mulmig auf dem Beifahrersitz. Vor Ort musste er sich erst einmal sammeln. Der Schwindel hatte ihn übermannt.

Zu meiner Verteidigung: Ich bin noch mit Bedacht gefahren.

Der Kollege gestand mir, als er dastand und sich den Schweiß von der Stirn wischte, dass er so schnelle Fahrten auf dem Beifahrersitz einfach nicht gewohnt war. Für mich war die Situation äußerst belustigend. Wer den Schaden hat, braucht für den Spott nicht zu sorgen. Aber er fand es immerhin selbst ganz witzig, weil er eine solche Reaktion seines Körpers nicht kannte. Ach, und die Alarmauslösung stellte sich als Fehlalarm heraus. Nochmal Glück habt, sonst hätte ich die Verbrecher wohl allein jagen müssen.

Heute war ich Beifahrer.

Im Rahmen der Streife nutzten wir die Autobahn. Ich mochte die Autobahn. Gelegentlich mussten wir hier auch Einsätze übernehmen, darüber freute ich mich immer. Aber es gab Kollegen, die sich lieber von der Bahn, wie sie bei uns genannt wird, distanzierten. Verständlich, dass nicht jeder begeistert ist, da zu arbeiten, wo Fahrzeuge mit mehr als 120 km/h an dir vorbeirasen. Doch ich hatte mich schnell damit anfreunden können, weil hier die Einsätze mehr mit Fahrzeugen zu tun hatten.

Als wir uns der Ausfahrt näherten, stellten wir fest, dass auf einer Anhöhe ein Helikopter stand. Diese Ausfahrt führte zwischen zwei großen Hügeln entlang, sodass hier ein Hubschrauber problemlos landen konnte. Als wir näherkamen, erkannte ich, dass es sich um einen Polizeihubschrauber handelte.

»Ach stimmt, Udo wollte doch die Autobahn überfliegen, um sich für die kommende längerfristig geplante Baustelle einen Überblick für die Regelung der Auf- und Abfahrten zu verschaffen«, sagte ich zu meinem Kollegen. Udo war der Dienststellenleiter der Autobahnpolizei.

Wir wendeten den Wagen am Ende der Ausfahrt und parkten hinter einem anderen Streifenwagen. Andere Kollegen waren, also auch schon am Gaffen. Ich musste schmunzeln.

Es war eine Ausnahme, ja sogar eine Seltenheit, sich diesen »Vogel« mal aus der Nähe anschauen zu können. Neben meiner Leidenschaft für Fahrzeuge, schlummerte in mir auch der Drang, einmal einen Hubschrauber zu fliegen. Doch dafür musste ich mich bei der Hubschrauberstaffel bewerben, den Pilotenschein machen und und und ... Also blieb mir im Moment nur das Besichtigen. Die Kollegen, darunter Udo und natürlich die Besatzung, empfingen uns schon mit einem breiten Grinsen.

»Na, wollt ihr auch mal gucken?«, kam es gleich.

»Klaro«, gaben wir zur Antwort.

Ich schaute mir den Hubschrauber von innen an und verspürte ein sanftes Kribbeln im Bauch. Dieses Gefühl von Aufregung, wenn man tolle neue Dinge kennenlernt. Ich fühlte Dankbarkeit. Mein Dauergrinsen ließ sich nicht verbergen. Aber ich glaube, so ging es uns allen, allen Kollegen stand die Begeisterung ins Gesicht geschrieben.

Wir schossen Fotos. Zusammen. Einzeln. Die verschiedensten Variationen. Wenn man das liest, hält man uns sicher für bekloppt. Aber vielleicht ist die Begeisterung nachvollziehbar. Ich bin heute noch von jedem Hubschrauber, den ich sehe, fasziniert, erlebe aber auch öfters Rettungskräfte, die einen Hubschrauberstart mitfilmen und total drauf abgehen.

»Wenn wir heute Abend zurück zum Standort fliegen, haben wir noch einen Platz frei«, meinte einer der Besatzungskollegen. Wirklich? Wie geil wäre das bitte, dachte ich mir.

Doch wie die anderen lächelte ich nur. Keiner schrie laut »Ich«, denn die Rückfahrt musste dann mit dem Zug erfolgen und würde Zeit in Anspruch nehmen.

Schließlich stieg die Besatzung mit Udo in den Helikopter, um die Aufgaben zu erledigen, weswegen sie eigentlich gekommen waren. Langsam fingen die Propeller an, sich zu drehen. Immer schneller und schneller, bis der Vogel sich langsam erhob und in Richtung Himmel emporstieg. Wie vier Dullies standen wir da und schauten gespannt hinterher. Wahnsinn, als ob wir zum ersten Mal einen Hubschrauber starten sahen. Als er außer Sichtweite war, stiegen wir wieder in die Streifenwagen und setzten unseren Dienst fort.

Kennt ihr das, wenn einem ständig etwas im Kopf umschwirrt, ihr ständig über etwas nachdenken müsst. Man zögert. Wie zum Beispiel bei einem Sprung vom 5-Meter-Turm. Soll ich oder soll ich nicht springen? Oder beim Shoppen. Brauch ich das Kleidungsstück, zieh ich es wirklich an?

In dem Moment muss man sich daran erinnern, was der erste Gedanke war, die Bauchentscheidung. Das Geheimnis liegt im Machen. Es gibt die Macher und die ewigen Denker. Menschen, die nie den Absprung wagen, weil sie Angst haben, etwas zu riskieren, werden nie an ihr Ziel kommen. Sie werden Dinge verpassen, die andere erleben. Sie werden Spaß verpassen. Ich ertappe mich selbst manchmal in solchen Situationen. Es sind die Momente, wo ich mir sage: Eigentlich habe ich schon Lust, doch dann muss ich einen Aufwand betreiben und das ist es auch nicht immer wert. In diesen Momenten muss man sich einen Ruck geben, daran denken, dass sich ganz neue Wege und Möglichkeiten offenbaren, wenn man einfach mal den Sprung wagt. So erging es mir in den nächsten Stunden.

Bis ich mir bewusst machte: Wenn nicht jetzt, dann womöglich nie. Eine solche Chance bietet sich vielleicht nie wieder.

Also sagte ich meinem Kollegen, er solle doch mal bei Udo durchrufen und Bescheid geben: Ich würde zurück gerne mitfliegen. Es war mir jetzt egal, ob ich mit dem Zug zurückfahren musste, das war es mir wert. Ich war in meinem Leben einmal Helikopter geflogen und das war auf einem Stadtfest bei mir in der Heimat. Ein 10-Minuten-Flug über die Stadt mit meinen Eltern. Das war sehr lange her, aber ich erinnerte mich noch, dass es unglaublich viel Spaß gemacht hatte.

Mein Kollege telefonierte kurz und meinte mit einem Zwinkern: »Wenn es zeitlich passt, sollte das klappen. Er meldet sich nochmal. Ich finde das super, dass du das machen willst. Das ist eine einmalige Chance. Hätte ich keine Kinder zuhause, die auf mich warten, würde ich den Flug vielleicht auch machen wollen.«

Ich lächelte in mich hinein. Es hätte jeder von uns vier die Möglichkeit gehabt, doch ich würde sie nutzen. Es würde sicher super werden. Ich freute mich wie ein Kind im Spielparadies.

Doch der Spätdienst näherte sich dem Ende und der Rückruf ließ auf sich warten. Kurz vor Feierabend rief der Kollege dann nochmal durch und fragte nach. Als er wiederkam, meinte er: »Los, ich bring dich schnell rüber. Die wollen in 5 Minuten starten.«

Na, das hatte ja super funktioniert mit der Kommunikation. Wir sprangen in den Streifenwagen und mein Kollege gab ordentlich Gas. Zum Glück war ich fester im Beifahrersessel als er. Alles, was möglich war, holte er aus dem Fahrzeug raus. Es fehlte nur, dass am Ende die Reifen qualmten. Trotzdem schafften wir es nicht in fünf Minuten, aber die Besatzung war noch entspannt. Sie hatten zusammen mit Udo auf mich gewartet.

Ich stieg ein und bekam erst einmal ein Paar Kopfhörer mit Mikrofon. Nach einem kurzen Check wurde der Motor gestartet. Langsam fingen die Propeller an sich zu drehen. Schneller und immer schneller. Nur dieses Mal sah ich das Ganze nicht von außen, sondern von innen. Es wurde immer lauter um uns herum, bis wir vom Boden abhoben. Es war ein unglaubliches Gefühl. Ich spürte pure Freude und war einfach glücklich in dem Moment.

Wir drehten eine Ehrenrunde im Kreis, dann wurde die eigentliche Flugroute eingeschlagen. Während des Flugs wurden mir die ganzen im Helikopter befindlichen Knöpfe erklärt, die ich mir natürlich nicht alle merken konnte.

»Möchtest du mal die Wärmebildkamera bedienen?«, wurde ich gefragt. Natürlich wollte ich. Die Kamera war unten am Helikopter angebracht. Man kennt das aus Filmen, wenn ein Waldgebiet nach vermissten Personen abgeflogen wird und auf dem Bildschirm ein Wärmebild zu erkennen ist. Genauso muss man sich das vorstellen. Mit einem Joystick kann man mit dem Objektiv heran- oder herauszoomen, dabei werden die Wärmebilder auf einen Bildschirm übertragen. Ein Lebewesen ist meist orange/rot, die Natur eher grün/gelb dargestellt. Tatsächlich konnte ich in einem Waldgebiet ein Reh erkennen. Durch einen Knopf ließ sich ganze einfach auf Nachtsicht umschalten. Diese Bilder erscheinen dann in unterschiedlichen Grautönen. Dennoch ließ sich eine Menge erkennen.

»Wie hoch sind denn die Bewerbungszahlen bei euch?«, fragte ich nach, denn eine Bewerbung war für mich immer noch eine Option. Ich weiß noch, dass uns im Studium immer versichert wurde, dass man bei der Hubschrauberstaffel kaum eine Chance hätte, weil kaum Stellen frei würden und die Bewerberzahl einfach zu hoch sei.

»Wir haben relativ geringe Bewerberzahlen im Vergleich zu dem, was wir gerne hätten. Jeder, der Interesse an der Hubschrauberstaffel bekundet, sollte es auf jeden Fall versuchen, weil die Chancen gar nicht so schlecht stehen.«

Alle drei Kollegen waren sich einig. Das wollte ich mir merken. Der Flug dauerte ca. 20 Minuten und die Zeit war so schnell vorbei. Die Kollegen funkten eine Dienststelle in der Nähe eines Bahnhofes an, damit sie mich abholen konnten. Tatsächlich war gerade eine Besatzung frei. Wir peilten einen Sportplatz an, um zur Landung anzusetzen. Die Kollegen warteten vor Ort und nahmen mich in Empfang. Auch die mussten sich natürlich den Hubschrauber erstmal genauer anschauen, bevor ich mich für das Erlebnis bedankte, und wir in Richtung Bahnhof starteten. Keine 10 Minuten später und ich saß im Zug auf dem Rückweg.

Die Fahrt dauerte etwa 40 Minuten. Kurz vor der Ankunft am heimischen Bahnhof, rief ich auf meiner Dienststelle an und fragte nach, ob es denn möglich wäre, mich vom Bahnhof abzuholen. Mir wurde zugesichert, dass das kein Problem darstellen sollte, wenn kein Einsatz käme. Tatsächlich hatte ich Glück und konnte eine Stunde später Feierabend machen.

Nun was soll ich noch sagen? Es war ein unvergesslicher Tag. Ich habe viele Eindrücke gewonnen und Erinnerungen, die ich nie vergessen werde. Ein paar wundervolle Fotos und Videos sind auf meinem Handy, die nicht mal annähernd beschreiben können, wie unglaublich es war. Den Flug anzutreten und die Chance zu nutzen, war die absolut richtige Entscheidung.

Egal, was man macht, es ist immer wichtig, dass man sich später niemals fragt: »Was wäre gewesen, wenn?«

Verbrenn dich nicht!

Manchmal hat man die ganze Zeit über nichts zu tun und dann kann man sich zum Feierabend hin kaum vor Arbeit retten.

Ein gemütlicher Nachtdienst mit Paul. Wir hatten uns eine Weile nicht gesehen, sodass ich mich über diesen Dienst freute. Mit ihm konnte ich über alles reden und wir hatten uns lange nicht ausgetauscht. Auch dienstlich war unsere Trefferquote immer hoch. Doch heute sah es eher schlecht als recht aus.

Es war 3:30 Uhr, als das Telefon klingelte und ein brennender Gartenzaun gemeldet wurde. Vermutlich Brandstiftung, hieß es.

Sicher Brandstiftung. Ein Zaun entzündet sich nicht von allein, dachte ich mir.

Es ging eine zweite Meldung ein. Demnach hatten die Besitzer es geschafft, den Zaun mit einem Feuerlöscher zu löschen. Die Feuerwehr war also zumindest nicht mehr erforderlich.

Wir machten uns auf den Weg zum Einsatzort. Eine zügige Anfahrt. Möglicherweise hielt der Täter sich noch im Nahbereich auf. Man konnte es nicht wissen.

Die meisten Feuerteufel, wie sie umgangssprachlich genannt werden, erfreuen sich daran, ihr eigenes Werk zu beobachten und halten sich bis zur Löschung im unmittelbaren Nahbereich auf. Man hat irgendwann herausgefunden, dass manche Feuerteufel sogar Mitglieder der Feuerwehr sind. Sie schauen sich ihre Tat an, helfen bei den Löscharbeiten und stärken am Ende noch ihr Wohlbefinden mit einer guten Tat. In meinen Augen einfach krankhaft.

Wir bogen in ein Wohngebiet ein und näherten uns der Tatörtlichkeit. Die Straßen waren wie ausgestorben, nur ein schwarzes

Fahrzeug kam uns entgegen. Ich notierte mir das Kennzeichen, denn man konnte schließlich nie wissen. Jede Person, die sich um diese Zeit in unmittelbarer Nähe zum Tatort aufhielt, konnte auf irgendeine Art und Weise mit der Tat in Verbindung stehen.

Wir erreichten die Tatörtlichkeit. Es war dunkel und es waren keinerlei Bewegungen oder Personen auszumachen. Auf dem betroffenen Grundstück stand ein Eckhaus. Hohes Buschwerk und ein 1,5 Meter hoher Holzzaun trennten das Grundstück von einer rechts danebengelegenen Weide, auf der das Gras sehr hochstand. Sie schien also nicht genutzt zu werden. Etwa zweihundert Meter weiter endete das Feld und die Flora wechselte in einen Wald voller Nadelbäume.

Auf unser Klingeln an der Toreinfahrt hin öffnete ein älteres Ehepaar die Tür. Die beiden machten einen knuffigen ersten Eindruck.

»Gut, dass Sie da sind. Kommen Sie doch bitte herein.« Die beiden waren sichtlich aufgewühlt.

Wir gingen rein in die gute Stube und die Tür wurde hinter uns geschlossen.

»Wir wollen in ein paar Stunden in den Urlaub fliegen. Doch jetzt haben wir Angst, zu fahren, weil es jemand auf unser Haus gesehen hat«, sagte die ältere Frau, die topfit wirkte.

Die Koffer standen gepackt im Erdgeschoss. Das Paar war abreisebereit. Ihre Sorge konnten wir absolut nachvollziehen. Trotzdem versuchten wir, sie erstmal zu beruhigen.

»Bitte machen Sie sich nicht verrückt. Können Sie uns denn zunächst einmal die Brandörtlichkeit zeigen?«, fragte Paul. Der Ehemann führte uns aus dem Haus in Richtung der Weide. Dazu musste man über einen Drahtzaun steigen. Dann folgten wir ihm geradeaus in Richtung des Nadelwaldes. Linksseitig befand sich der Gartenzaun zum Grundstück.

Etwa 50 Meter von der Straße entfernt, mitten auf dem Feld entdeckten wir einen Benzinkanister, ein Basecap und einen Schuh. Wir ließen die Sachen zunächst unbeachtet. Die würden nicht weglaufen. Wir gingen weiter durchs knöchelhohe Gras. Etwa 100 Meter waren wir jetzt von der Straße entfernt. An dieser Stelle war der hellbraune Gartenzaun, auf 3 Meter Länge vom Feuer schwarz gefärbt. Das Buschwerk, das den Zaun verschönern sollte, war nur noch schwarzes Gestrüpp und alles andere als schön. Glutnester konnten wir zum Glück mit bloßem Auge nicht erkennen. Wäre dem anders gewesen, hätten wir doch noch die Feuerwehr verständigen müssen. Die ältere Dame kam von der Garteninnenseite auf uns zu.

»Ich verstehe immer noch nicht, warum man uns sowas antut«, sie wirkte immer noch leicht verstört. Für alte Leute auch viel Aufregung so ein Vorfall.

Neben ihr tauchte ein weiterer Mann auf. Wie sich herausstellte, handelte es sich hierbei um einen engen Freund des Pärchens, der gerade zu Besuch war. Er hatte das Feuer entdeckt.

»Ich schlafe mit offenen Fenster und bin durch einen seltsamen Geruch wach geworden. Ich schaute aus dem Fenster und sah, wie der Zaun in Flammen stand. Die Flammen waren locker schon fünf Meter hoch. Daraufhin bin ich schnell zum Feuerlöscher, bin rausgerannt und habe angefangen, das Feuer zu löschen, was mir zum Glück gelungen ist. Ein Stückchen weiter auf der Weide war noch ein weiteres Feuer, auch das habe ich löschen können. Daneben lag ein Benzinkanister. Leider habe ich die Mistkerle nicht mehr erwischt. Ich habe nur Stimmen gehört und ein schwarzes Auto wegfahren sehen. Nach dem Löschen habe ich dann sofort bei Ursl und Werner geklingelt und ihnen gesagt, was passiert war.«

»Ich bin so dankbar, dass Nils das Feuer bemerkt hat. Stellen Sie sich mal vor, was passiert wäre, wenn niemand etwas bemerkt hätte. Oh mein Gott, …das wäre nicht auszudenken«, meinte Ursl.

»Bitte machen Sie sich nicht verrückt. Es besteht keine Gefahr mehr. Wir werden alles aufnehmen und dokumentieren. Aber ich glaube nicht, dass man es explizit auf Ihr Haus abgesehen hat«, versuchte Paul nochmal das Ehepaar zu beruhigen.

Ursl und Werner nickten. Dann flüsterten sie uns zu: »Wenn Sie fertig sind, dann kommen Sie doch bitte nochmal rein. Wir würden gerne noch etwas besprechen.«

Paul und ich schauten uns ein wenig überrascht an.

»Machen wir. Wir klingeln dann wieder«, versicherte ich.

Paul lief zum Streifenwagen, um die Kamera zu holen. Mittlerweile wurde es schon langsam hell. Bald würde die Sonne scheinen und ein schöner neuer Tag beginnen.

Für das Fertigen der Bilder war Tageslicht super und der Tatort ließ sich auch besser inspizieren.

Ich lief zu den Sachen und dem Benzinkanister. Beim näheren Betrachten konnte ich erkennen, dass es sich um einen sehr kleinen roten Benzinkanister handelte. Fassungsvolumen zwei Liter, schätzte ich. Nicht, dass ich gut darin war, aber man kann es ja immerhin versuchen. Ein letzter Rest Benzin befand sich noch in dem halb geschmolzenen Kanister. Wir würden ihn mitnehmen, vielleicht konnte der Ermittlungsdienst Fingerabdruckspuren feststellen. Der danebenliegende Schuh, war meines Erachtens nach schon länger in Gebrauch gewesen. Es handelte sich um einen schwarz-weißen Sneakers für Männer, Größe 45. Die Schuhsohle war stark abgetreten. Das Weiß war schon leicht grau und das Material bereits ausgedehnt. Ein richtiger Latschen. Der Täter musste ihn wohl in der Eile verloren haben. An dem Basecap konnte ich nichts Besonderes feststellen. Es war schlicht schwarz.

Ich holte drei große Tüten aus dem Streifenwagen und steckte alle Gegenstände in jeweils eine. Den Kanister leerte ich vorher gründlich aus und wickelte ihn noch einmal in eine extra Tüte. Auch wenn ich den Geruch von Benzin nicht unangenehm fand, so brauchte ich keine intensive Inhalation.

Währenddessen war Paul mit den Bildern fertig. Also gingen wir nochmal bei Ursl und Werner klingeln, um alles Weitere zu besprechen.

Werner öffnete die Tür. »Kommen Sie mit ins Wohnzimmer.«

Sofort fing Ursl an, sich ihre Sorgen von der Seele zu reden. »Also wir glauben ja, dass unser Nachbar dahintersteckt. Unserer Erfahrung der letzten Monate nach zu urteilen, feiert er gerne. Ständig gehen fremde Menschen ein und aus. Es sind immer verschiedene«, flüsterte sie.

Werner ergänzte: »Wir haben schon des Öfteren einen Konflikt mit ihm gehabt, da er gern lautstark Musik hört oder komische Anwandlungen an den Tag legt.«

»Was bedeutet denn ›komische Anwandlungen‹?«, fragte Paul.

»Nun«, antwortete Werner, »Er hat letztens eine Linie vor seinem Garten gezogen und darüber durfte keiner treten. Dann haben wir unser Auto da geparkt, weil wir das nicht gesehen hatten, da ist er ausgerastet und hat damit gedroht, unser Fahrzeug abschleppen zu lassen, wenn es noch mal vor seinem Grundstück geparkt wird.«

»Okay. Dann werden wir wohl mal mit dem Herrn reden«, meinte Paul.

»Aber sagen Sie unter keinen Umständen, dass wir ihn verdächtigen, etwas mit dem Brand zu tun zu haben. Dann ist hier die Hölle los. Mensch, ich trau mich jetzt schon kaum in den Urlaub zu fahren«, bettelte Ursl und schlug die Hände über dem Kopf zusammen.

»Nein, das werden wir nicht tun. Machen Sie sich keine Sorgen und fahren Sie in den Urlaub«, versicherte ich. Wir verabschiedeten uns und gingen nach draußen.

Der Zaun war nicht stark beschädigt. Klar konnte man von der Seite deutlich sehen, dass es ein kleines Feuerchen gegeben hatte, aber von der Straße aus war es gar nicht zu erkennen. Ob die Stelle nun zufällig oder absichtlich ausgewählt worden war, würde sich durch den Ermittlungsdienst klären und das dauerte sowieso noch ein paar Wochen. Ursl und Werner konnten also Zuhause nichts ausrichten. Ob wir es geschafft hatten, sie ein wenig zu beruhigen? Ich weiß es nicht. Aufgewühlte Menschen zu beruhigen, ist immer schwierig.

Wir statteten als Nächstes dem Nachbarn einen Besuch ab. Das Grundstück grenzte direkt an. In einem Fenster brannte Licht, aber wir konnten keinerlei Geräusche vernehmen.

Es knackte im Funk:

»Wache 27 für HOLLE «

»Hier ist Wache 27«

»Gemeldet wird eine hilflose Person, die vor einem Grundstück im Gras liegt. Der Meldende teilt mit, dass sie leicht verwirrt

oder betrunken wirkt. Persönlich hat er noch keinen Kontakt aufgenommen. Er hat das nur von seinem Badezimmerfenster aus gesehen. Rettungswagen ist auf dem Weg.«
»Ja, ich schicke die 29/23.«
»Alles klar. Das ist in relativer Nähe zu dem Brandtatort. Vielleicht gibt es da einen Zusammenhang, das müsst ihr mal prüfen.«
»Machen wir.«
Das wäre natürlich was. Aber würden wir uns überraschen lassen. Wir klingelten an der Tür des Nachbarn.
Ein etwas korpulenterer Mann öffnete die Tür. Er schien überrascht, die Polizei um diese Zeit vor seiner Tür stehen zu haben.
»Dürften wir ganz kurz hereinkommen?«, fragte Paul.
»Ich habe noch Besuch, aber meinetwegen«, antwortete er.
Im Wohnzimmer bot sich uns ein merkwürdiger Anblick. Es war ein sehr unaufgeräumtes Zimmer, obwohl sich nicht viel Inventar darin befand. Insgesamt standen drei von diesen Entspannungsschaukelstühlen, wie man sie aus Filmen kannte, kreisförmig zueinander. Zwei von ihnen waren mit einem Mann besetzt. Der dritte stand aktuell leer. Die beiden Männer hatten eine ähnliche Statur wie der, der uns die Tür geöffnet hatte. Das Ganze wirkte wie eine Pokerrunde, nur ohne Tisch. Doch die Krönung waren vier Katzenbabys, die überall umherwuselten. Die passten überhaupt nicht ins Bild.
Ich musste mir das Lachen verkneifen, dass ich befürchtete zu platzen, wenn wir hier zu lange bleiben würden. Aber die Kleinen waren total niedlich und ich hätte zu gern »Oh, wie süß« gerufen und wäre ihnen hinterhergerannt. Aber keine Sorge, ich blieb seriös.
Einsätze mit Tieren sind toll. Ich durfte als Kind nie eine Katze oder einen Hund haben, geschweige denn irgendein anderes Tier, sodass Tiere für mich etwas Besonderes sind.
Paul, der selbst stolzer Besitzer von zwei Norwegischen Wildkatzen war, konnte seine Empathie gegenüber den kleinen Vierbeinern wesentlich leichter verbergen. Ob das in diesem Moment an der Diensterfahrung oder am Ernst der Situation lag, konnte ich so tatsächlich nicht sagen.

Unsere uneingeschränkte Aufmerksamkeit sollte den drei Männern in ihren Schaukelstühlen gelten. Der Nachbar hatte sich nun ebenfalls wieder gesetzt.

»Womit können wir dienen?«, fragte er.

»Diese Nacht wurde der Gartenzaun Ihrer Nachbarn in Brand gesteckt. Wir wollten Sie fragen, ob Sie in den letzten Stunden irgendwelche Beobachtungen gemacht oder etwas gehört haben«, gab Paul an.

»Wir haben nichts mitbekommen und wir haben die ganze Zeit hier gesessen«, kam es zurück. Die anderen beiden schüttelten unterstützend den Kopf.

»Wie ist denn Ihr Verhältnis zu den Nachbarn?«

Ein Grinsen machte sich auf den Gesichtern der Männer breit.

»Das ist ein spießiges, altes Ehepaar«, kam die Antwort.

»Okay. Wir hörten etwas von einer gezogenen Linie vor dem Gartentor. Können Sie uns das erklären?«, fragte Paul.

»Na, ständig stehen da Autos. Das Stück gehört zu meinem Grundstück und ich will nicht, dass jeder macht, was er will.«

»Das ist korrekt, aber das Angehen eines Pkws kann schnell zur Sachbeschädigung werden.«

»Ne ne, so weit kommt es nicht«, versicherte der Mann.

Das sollte uns reichen. Das Gespräch würde uns nicht weiterbringen. Wir verabschiedeten uns und traten wieder an die frische Luft. Da es in dem Haus ziemlich verqualmt vom Zigarettenrauch war, atmete ich erst einmal tief ein. Traurig, die armen Kätzchen, die in der Räucherbude leben mussten.

Da wir die letzten zehn Minuten den Funkverkehr nicht weiterverfolgt hatten, lauschten wir nun umso gespannter, als der 29/23 sich mit einem Update meldete.

»Also, wir haben hier eine männliche Person. Sie hat starke Verbrennungen an beiden Unterarmen und wird operiert werden müssen. Sie wird jetzt mit dem Rettungswagen ins Krankenhaus verbracht. Der Person fehlt ein Schuh. Zur Situation macht sie keinerlei Angaben.«

»Die 29/23 für die 29/21«, funkte Paul
»Die 29/23 hört«, kam es.
»Wir haben hier einen Schuh gefunden. Vielleicht passt der ja an Cinderellas Fuß«
»Na, das können wir doch gleich mal prüfen.«
Wenn das mal nicht einen geklärten Fall bedeutete. Juhu, ich freute mich. Was ein Zufall. Sowas kam nicht oft vor. Wir stiegen in den Wagen und verlegten zur Dienststelle. Während wir unseren Vorgang anlegten und bearbeiteten, trudelten die Kollegen ein.

»Mensch, hier riecht es wie an der Tankstelle«, wurden wir freundlichst begrüßt.
»Danke auch«, grinste ich zurück.
Es war wirklich krass, obwohl ich den Kanister ausgeleert hatte, zog sich der Benzingeruch durch die halbe Dienststelle. Ich musste mich echt beeilen und den Kanister schnellstmöglich nach draußen bringen.
Wir tauschten uns aus. Die Kollegen waren der festen Überzeugung, dass es sich bei der hilflosen Person um unseren Brandstifter handelt. Es gab einige Indizien. Der Schuh der verletzten Person und unser Schuh waren ein Pärchen, die nach Rauch riechende Kleidung der hilflosen Person und natürlich die schweren Verbrennungen.
Nach Angaben der Rettungssanitäter vor Ort konnte es sein, dass die Nervenenden an Händen und Unterarmen so stark beschädigt worden waren, dass es zu bleibenden Schäden kommen könnte.
Während die Kollegen schnell mit ihrem Bericht durch waren, brauchten Paul und ich noch ein wenig länger, um alle Personalien einzutippen, alle Gegenstände zu asservieren und die Grundarbeit zu erledigen.
Wir waren kaum fertig, da kam auch schon die nächste Einsatzmeldung rein. Das versprach ein später Feierabend zu werden, denn es war kurz nach 5:00 Uhr morgens. Doch dazu mehr in der nächsten Geschichte.

Im Lauf des nächsten Tages kam die Meldung aus dem Krankenhaus, dass die Verbrennungen so schwerwiegend waren, dass bleibende Schäden geben würde.

Drei Tage später kam der Leiter des Ermittlungsdienstes auf mich zu. »Hast du schon gehört, unser Verbrennungsopfer ist eindeutig der Brandstifter. Aktuell ist er noch nicht vernehmungsfähig, aber wir haben einen Mantrailer eingesetzt.«

Ein Mantrailer ist ein Personenspürhund, der einen noch feineren Geruchssinn als normale Suchhunde besitzt. Das bringt ihn in die Lage, zwischen verschiedenen menschlichen Gerüchen zu unterscheiden und nur den Geruchsmerkmalen der gesuchten Person zu folgen. Super interessante Sache.

Ich setzte mich sofort an den Computer, um den Bericht darüber zu lesen. Der Hund hatte die Fährte am Gartenzaun aufgenommen und war zielstrebig quer über die Weide in Richtung Nadelwald gelaufen. Dann lief er ihr durch den Wald, zwischen Bäumen und Buschwerk entlang, bis in ein Wohnviertel. Hier bog er zweimal nach links, einmal nach rechts ab und blieb schlussendlich exakt vor der Hausnummer stehen, wo man die Person mit den Verbrennungen aufgefunden hatte. Somit war eindeutig bewiesen, dass es sich bei der hilflosen Person um unseren Brandstifter handelte.

Ach, und erinnert ihr euch noch an den schwarzen BMW, der uns auf dem Weg zum Tatort entgegengekommen war? Auch dieser Spur war nachgegangen worden. Im Rahmen der Ermittlungen stellte sich heraus, dass der Fahrzeugführer ein 19-jähriger Bursche war, der mit unserem Brandstifter eng befreundet war. Tatsächlich gab er an, dass beide an diesem Abend zusammen unterwegs gewesen waren. Aber zur Tat selbst wollte er sich nicht äußern.

Doch nach den Beweisen ist davon auszugehen, dass die Planung der Tat durch beide erfolgte. Anscheinend lief bei der Tatausführung etwas schief, sodass ihn die Angst packte und er die Flucht ergriff.

Ein großer Fall, den wir relativ schnell gelöst hatten. Manchmal sollte man dem Schicksal dankbar sein.

Brötchen für alle

Kurz nach 5:00 Uhr morgens.
Wir waren gerade mit der gröbsten Vorgangssachbearbeitung durch, da klingelte erneut das Telefon. Einbruchmeldung. Der andere Funkstreifenwagen befand sich weiter vom Einsatzort entfernt als wir. Also mussten wir den Einsatz übernehmen.
Tatort war eine Bäckerei im Erdgeschoss eines Wohnhauses. Eine Angestellte hatte angerufen. Laut ihren Angaben konnte ausgeschlossen werden, dass sich die Täter noch in den Räumlichkeiten befanden. Also fuhren wir zügig an, jedoch nicht unter der Nutzung von Sonder-und Wegerechten. Um ein wenig abzukürzen, nutzten wir die Autobahn, da sich der Tatort in Nähe einer Ausfahrt befand.
Etwa zehn Minuten später erreichten wir das Objekt. Mittlerweile war es schon hell. Nichtsdestotrotz verspürte ich, wie allmählich die Müdigkeit kam. Irgendwann wird der Akku schwach.

Es handelte sich um ein großes Wohnhaus mit mehreren Parteien. Im Erdgeschoss befanden sich links eine Filiale der Sparkasse und rechts die Bäckerei.

Die Türen der Bäckerei standen offen. Wir näherten uns dem Haupteingang. Beim Näherkommen war zu erkennen, dass die Türen ausgehebelt worden waren. Im Inneren konnte man auf der rechten Seite ein Dutzend Tische mit Stühlen erkennen. Auf der linken Seite befand sich ein in einem leichten Bogen verlaufender ziemlich großer Tresen. Dort konnte man die Auslagen begutachten, wenn man sich auf dem kleinen Gang in der Mitte bewegte. Am Ende führte eine Tür in die Küche und den Aufenthaltsraum.

Hinter dem Tresen stand die Angestellte, die uns angerufen hatte, und war damit beschäftigt, Brötchen aus dem Ofen zu holen und Kuchen einzuräumen. Sie machte einen gestressten Eindruck, weil in einer knappen Stunde die Öffnung bevorstand und dieser Vorfall wohl nicht in ihr Zeitmanagement passte. Wir gingen zu ihr hin, um sie zu befragen, bevor wir den Tatort genauer betrachten würden.

»Guten Morgen«, grüßte ich.

Sie hatte uns zwar reinkommen sehen, aber überhaupt nicht reagiert, weil sie so mit Hantieren beschäftigt war.

»Guten Morgen. Ich habe angerufen«, kam es zurück.

»Können Sie uns sagen, was genau passiert ist oder genauer gesagt, wie Sie die Bäckerei vorgefunden haben? Welche Feststellungen haben Sie gemacht?«, fragte ich.

»Ich habe den Laden wie immer gegen 5:00 Uhr aufschließen wollen. Dabei bemerkte ich, dass die äußere der zwei Glastüren auseinandergedrückt war. Die linke Tür des Haupteingangs war leicht geöffnet und aufgehebelt. Da hatte ich den Verdacht, dass es schon wieder zu einem Einbruch gekommen ist. Der letzte liegt ungefähr zwei Jahre zurück. Ich ging zu den Tresoren unter dem Verkaufstresen, um zu schauen, ob diese beschädigt worden sind. Beide waren aufgehebelt worden. Ich habe meinen Chef sofort in Kenntnis gesetzt und er meinte, dass ich Sie anrufen soll. Die Einbruchzeit schätze ich auf 1:00 bis 3:00 Uhr nachts. Zu dieser Zeit ist es relativ ruhig und die Brötchenlieferanten sind noch nicht da. Außerdem vermute ich einen Tatzusammenhang mit dem gestrigen Einbruch in einer unserer anderen Filialen. Der gesamte Bereich ist videoüberwacht, vielleicht können Sie damit arbeiten. Ich werde Ihnen die Videos geben. Erst muss ich aber weiterarbeiten. Wir öffnen bald.«

»Haben Sie außer der Tür noch etwas angefasst? Den Tresor oder irgendwelche anderen Türen?«, fragte ich zur Sicherheit nach.

Nicht selten kam es vor, dass Personen an einem Tatort alles Mögliche anfassten, ohne darüber nachzudenken, dass sie dadurch eventuelle Spuren vernichten.

»Die Türen musste ich zum Öffnen ja anfassen. Den Tresor habe ich nicht angefasst. Sonst nur das, was ich einräume, und für die Ladenöffnung fertigmachen muss.«

»Alles klar. Dann fragen Sie bitte Ihren Chef, was sich genau in dem Tresor befunden hat und wie hoch der Schaden ist.«

Optimal wäre gewesen, wenn sie den Laden nicht weiter betreten und es uns überlassen hätte, nach dem Tresor zu schauen. Durch das Öffnen der Türen hatte sie möglicherweise Trugspuren erschaffen, die spätere Ermittlungen erschweren würden. Trugspuren sind Spuren, die sich am Tatort befinden, die aber mit der eigentlichen Tat nicht in Verbindung stehen, da sie erst im Nachhinein hinzugefügt worden sind.

Doch daran konnten wir jetzt nichts ändern.

Ich schaute mir die Tresore genauer an. Es handelte sich um zwei unterschiedliche Exemplare, übereinandergestapelt. Beide waren mit einem Zahlenschloss versehen und beide aufgebrochen. Im Bereich des Schlosses waren deutliche Hebelmarken erkennbar. Ich öffnete die Tür zur Küche, um danach Veränderungen oder Spuren zu suchen. Doch hier wirkte alles normal. Ich ging zu Paul, der die Glastür schon genauer in Augenschein genommen hatte.

»Hier sind sowohl an der Außenseite als auch an der Innenseite Fingerabdruckspuren zu finden«, meldete er.

Ich warf einen Blick auf den Rand der Glastür. Tatsächlich. Als ob jemand mit fettigen Fingern die Tür angefasst hatte.

»Wir haben nur leider keinen Spurenkoffer dabei«, erwiderte ich. Jede Dienststelle verfügte nur über ein gewisses Kontingent an Koffern, die zur Spurensicherung gedacht waren. Unsere Dienststelle besaß einen, aber nicht in unserem Auto.

»Ich funke die anderen an, dass sie ihn vorbeibringen«, sagte Paul und ging zu unserem Fahrzeug, um in Ruhe zu funken.

In der Zwischenzeit ging ich um das Gebäude herum und suchte die Fenster sowie weitere Türen nach sonstigen Einbruchspuren ab. Die Fenster waren augenscheinlich nicht angegangen worden. Auf der Rückseite entdeckte ich einen Nebeneingang. An der Tür waren deutliche Hebelspuren erkennbar. Doch ob die frisch waren, konnte ich nicht genau erkennen. Ich ging zurück zum Haupteingang, um die Mitarbeiterin danach zu befragen.

Paul kam mir entgegen. »Sie sind in 10 Minuten da.«

»Ok, super. Ich habe hinten an einer weiteren Tür Hebelspuren entdeckt, aber ich weiß nicht, wie frisch die sind. Das werde ich mal erfragen.« Ich begab mich wieder in die Bäckerei und fragte die Verkäuferin.

»Ja, die sind schon länger da. Da sind die Einbrecher beim letzten Mal reingegangen.«

Okay, dann brauchten wir da schon mal keine weiteren Spuren suchen und sichern. Paul war mir in den Verkaufsraum gefolgt und suchte den Boden mit seiner Taschenlampe nach Schuhabdruckspuren ab. Doch er konnte keine finden. Abgesehen davon war die Angestellte sowieso schon viel zu oft hin und her gelaufen.

»Haben Sie schon Ihren Chef gefragt, was sich in den Tresoren befunden hat?«, fragte ich.

»Nein, leider nicht. Ich kann ihn gerade nicht telefonisch erreichen.«

»Okay, bitte versuchen Sie es nochmal. Für unsere Ermittlungen ist das sehr wichtig.«

»Ja, ich probiere es dann noch einmal«, versicherte sie.

Paul und ich gingen zurück zum Streifenwagen, um da auf die Kollegen zu warten. Aktuell konnten wir nichts weitermachen.

Zu meiner Müdigkeit kam nun auch Hunger. Zwei nicht so gute Faktoren, um bei guter Laune zu bleiben. Die Müdigkeit ließ sich durch Ablenkung überwinden. Hunger war mein persönlicher Endgegner. Das Ganze hier würde noch eine Weile dauern, aber notfalls konnte ich mir einfach ein Brötchen kaufen. Wir saßen hier schließlich an der Quelle.

Als ob Paul gemerkt hätte, dass etwas nicht stimmte, schaute er mich schief von der Seite an und fragte: »Wieso guckst du so mürrisch?«

»Ich habe Hunger«, antwortete ich.

Er konnte sich ein Grinsen nicht verkneifen.

Als die Kollegen mit dem Spurensicherungskoffer kamen, war ich froh, dass es endlich weitergehen konnte.

»Machst du die Bilder, dann klebe ich die Spuren ab und sichere sie?«, fragte ich Paul.

Er nickte. Dann legten wir los.

Paul machte ein paar Übersichtsaufnahmen von dem Gebäude innen und außen, den Tresoren und der Glastür. Die Tresore waren anscheinend mit mehreren handwerklichen Geräten bearbeitet worden, bis sie sich öffnen ließen. Das mutmaßten wir aufgrund der Deformierungen an den Türen. Aufgrund ihrer Beschaffenheit konnten wir an den Tresoren keine Spuren finden, die hätten gesichert werden können.

Wir widmeten uns dem Haupteingang. Die äußere Glastür hätte man nach links und rechts aufschieben können. Dieser Mechanismus war durch die Gewalteinwirkung der Täter blockiert. Die Tür bewegte sich kein Stück mehr. Davon hatte die Bäckereifachverkäuferin gesprochen. Die dahinter gelegene Glastür war, soweit erkennbar, gar nicht beschädigt. In der Mitte, wo beide Glastüren geschlossen wurden, befand sich am unteren Rand an jeder Tür ein Türschloss. Auch an diesen war keine Beschädigung erkennbar.

»Laut meinem Chef, sollen ca. 1.500 Euro Bargeld in dem Tresor gewesen sein«, hörte ich hinter mir.

»Nehmen wir so auf. Wo genau haben Sie die Tür angefasst?«, gab Paul an.

»Im Bereich der Schlösser unten. Ich wollte sie ein wenig weiter öffnen, damit die Kunden hereinkommen können. Aber das war nur begrenzt möglich.«

»Ok, dann wissen wir Bescheid.«

Ich bepinselte die Fingerabdruckspuren mit Rußpulver, sodass sie noch besser sichtbar wurden. Der Ablauf der Spurensicherung ist tatsächlich so, wie es in Filmen gezeigt wird, nur, dass die Abdrücke in der Realität meistens nie so sauber und deutlich genommen werden können.

Das war das erstes Mal nach Abschluss meines Studiums, dass ich Spuren sicherte. Ich weiß noch, wir haben zwei Verfahren kennengelernt, um Fingerabdrücke zu sichern, einmal mit Rußpulver und einmal mit Magna Brush. Ich hatte am Anfang Probleme beide auseinanderzuhalten. Rußpulver nutzt man, wenn man senkrecht Spuren sichert und Magna Brush für waagerechte Flächen. Irgendwann kam ich auf eine kleine Eselsbrücke. Nämlich, nach R kommt S im Alphabet. Also Rußpulver ist gleich senkrecht. Seitdem hatte ich nie wieder Probleme.

Ich muss gestehen, ich freue mich immer, wenn ich etwas im Studium Gelerntes zum ersten Mal in der Praxis anwenden konnte.

Jetzt, wo die Fingerabdrücke sichtbar waren, klebte ich an jeden Fingerabdruck eine Nummer. Dann war Paul wieder mit Bildern machen an der Reihe. Zum Schluss wurden die Fingerabdrücke mit einer Folie von der Tür abgezogen und auf eine extra Spurensicherungskarte aufgeklebt. Hier vermerkten wir die Nummer und den genauen Fundort der einzelnen Spur.

Eine aufwändige Prozedur, doch von großer Bedeutung für die Überführung der Täter. Die Fingerabdruckspur ist individuell und einmalig. Jeder Mensch kann also anhand seines Fingerabdruckes überführt werden.

Weil es in den letzten Wochen mehrfach Einbrüche in Bäckereien dieser Filialkette im Umland gegeben hatte, war es dieses Mal vielleicht sogar möglich, einen Zusammenhang zwischen den Taten herzustellen. Dazu mussten allerdings in anderen Filialen ebenfalls Spuren gefunden und gesichert worden sein.

Paul und ich hatten gerade die letzte Spur gesichert und alle Materialien zusammengepackt, als die erste Kundin des heutigen Tages um die Ecke kam.

Wie gut, dass wir fertig waren, sonst hätten wir uns möglicherweise neugierigen Fragen stellen müssen. Die Leute sind heutzutage sehr neugierig und besonders ältere Menschen sind immer redselig. Das kann man ihnen nicht verübeln, denn sie sind viel allein und froh, wenn sie jemanden zum Reden haben. Diese Kundin schien aber nicht an uns interessiert.

Wir verlegten zurück zur Dienststelle. Hier tippten wir noch eben das Nötigste in den Computer. Für das Stundenkonto hatte es heute Nacht ordentlich Überstunden gegeben. Ich freute mich auf mein Bett. In nicht einmal 11 Stunden begann mein nächster langer Nachtdienst, den ich wohl zur Hälfte am Schreibtisch verbringen würde, um die beiden Sachverhalte zu verschriftlichen.

Was für eine Nacht. Als ich in mein Bett fiel, war ich auch schon fast eingeschlafen, obwohl ein paar Sonnenstrahlen durch mein Plissee blitzten und den Raum erhellten.

Aktion mit Geschwindigkeit

In diesem Moment nahm das Fahrzeug die Ausfahrt. So schnell konnte Tino nicht handeln, da er den Parkplatz nicht kannte und niemanden gefährden wollte. Sie hatten jetzt sechzig Sekunden Vorsprung. Was würde uns erwarten, wenn wir ankamen?

Es war ein Spätdienst im November, den ich auf der Autobahn verbrachte. Normalerweise beginnen Dienste recht gemütlich, doch dieser war anders. Kaum hatte der Dienst angefangen, ging ein Anruf ein, dass ein Tieflader, der einen Bagger geladen habe, so hoch sei, dass es an den Brücken Funken sprühte. Wir besetzten einen Streifenwagen, um diesen Schwerlasttransport zu stoppen und weitere Schäden an Brücken zu verhindern. Von einem Schwerlasttransport spricht man, wenn die zulässige Höhe, Breite, Länge oder das Gewicht überschritten wird, dafür aber eine gesonderte Genehmigung vorliegt.

Ich war heute mit Tino, einem Kollegen in meinem Alter eingeteilt. Genau in dem Moment, als wir in den Wagen stiegen, fuhr gegenüber unserer Dienststelle ein Schwertransport beladen mit einem Bagger auf den Parkplatz. Zufälle sind selten. Also gingen wir davon aus, dass das unser Fahrzeug war. Wir überquerten die Straße und nahmen Kontakt zum Fahrzeugführer sowie dem Führer des Begleitfahrzeuges auf. Denn ein Schwerlasttransport muss immer von einem Extrafahrzeug begleitet werden.

Der erste Eindruck: Beide wussten beide genau, wieso wir auftauchten. Man merkte, dass sie sich ertappt fühlten.

»Moin«, sagte Tino, »Sie wollen jetzt Pause machen?«

»Unter anderem, ja«, presste der Fahrer des Begleitfahrzeuges zwischen seinen fünf restlichen Zähnen hervor. Keine Diskriminierung. Aber dieser Mann wirkte wirklich ungepflegt, beinahe schon eklig.

Ich fragte ihn daraufhin: »Was bedeutet denn unter anderem?«

»Na, vielleicht auch mal noch ne Sitzung halten«, antwortete er und ging dabei in die Hocke.

»Spannend«, dachte ich mir, sagte aber nichts weiter dazu. Das ist so ein Moment, den man hinnehmen sollte, ohne darauf einzugehen.

Tino hatte sich währenddessen die Personaldokumente und die Genehmigungen geben lassen.

»Wie hoch sind Sie denn?«, hörte ich ihn den Fahrer fragen.

»4,30 Meter.«

Ja, natürlich. Wir guckten uns nur kurz an und wussten beide, was der andere dachte.

Eine zulässige Höhe von 4,30 Meter stand in der Genehmigung. Also nannte er uns diese Höhe. Ich ging zum Streifenwagen zurück und holte die Höhenmesslatte, von uns liebevoll Hömela genannt. Gemeinsam maßen Tino und ich nach.

Schon der Bagger hatte eine Höhe von 3,90 Meter. Addierte man dazu dann die Höhe vom Boden bis zur Fläche des Tiefladers, wo der Bagger draufstand, kamen wir auf stolze 4,75 Meter. Das bedeutete erstmal Untersagung der Weiterfahrt. Wenn sie es nicht schafften, die Höhe zu reduzieren, würden sie eine neue Genehmigung oder ein neues Fahrzeug anfordern müssen.

Wir nahmen die Dokumente des Transportes an uns und teilten dem Fahrer mit, dass er sich gerne telefonisch auf der Wache melden konnte, wenn sie eine Lösung gefunden hatten.

Während wir die nächsten 30 Minuten damit verbrachten, einem anderen Fahrzeugführer etwas über Ladungssicherung beizubringen, weil dieser seinen aufgeladenen VW Passat nur einseitig mit Spanngurten gesichert hatte, wurde an der Höhe des Gespannes getüftelt.

Als wir wieder vor Ort eintrafen, war es dem Fahrzeugführer tatsächlich gelungen, die zulässige Höhe zu erreichen. Er hatte beim

Beladen das Fahrzeug heruntergefahren und als er nachgemessen hatte, hatte die Höhe gepasst. Doch nach dem Hochfahren hatte er vergessen, noch einmal zu messen. Blöd gelaufen. Wir notierten die Tatbestandsnummer und würden das Schriftstück an den jeweiligen Landkreis weiterleiten. Er würde in einigen Wochen einen Brief mit einer Geldstrafe bekommen.

Um kurz den Begriff »Tatbestand« zu erläutern: Jede Verkehrsordnungswidrigkeit, die es gibt, ist in einem Tatbestandskatalog festgehalten. Das bedeutet, jedes falsche Handeln im Straßenverkehr ist mit einer Nummer und einem Verwarngeld oder Bußgeld versehen.

Nachdem wir unseren Schwertransport abgearbeitet hatten, ereilten uns noch ein paar Unfälle mit Blechschaden. Außerdem mussten noch Büroarbeiten, die die letzten Dienste angefallen waren, dringend erledigt werden.

Wir näherten uns zeitlich langsam dem Feierabend. Tino hatte sich fest vorgenommen, nach dem Dienst zum Blutspenden zu fahren. Eine wirklich gute Sache.

Tino und ich beschlossen also, nur noch eine kleine Runde auf der Bahn zu drehen, damit er pünktlich zur Blutspende käme.

Auf den Straßen setzte langsam der Feierabendverkehr ein. Man merkte, wie es voller wurde und sich an Baustellen der alltägliche Stau bildete.

Es war kurz nach 17:00 Uhr, als uns die Nachricht erreichte, dass es im Nachbarbundesland zu einer Verfolgungsfahrt gekommen war. Wir befanden uns gerade in einer Verkehrskontrolle mit dem Fahrer eines getunten Golf V. Der Fahrer war der Polizei nicht so wohl gesonnen, da er angeblich ständig kontrolliert werden würde.

Übrigens ist das auch ein Punkt, den viele nicht verstehen. Wenn man sich ein auffälliges Auto kauft oder sich sein Auto so zurechtbastelt, dann muss man damit rechnen, dass man öfter einer Kontrolle unterzogen wird. Die Wahrscheinlichkeit ist eben sehr hoch, dass die Verkehrssicherheit durch die Umbauten beeinträchtigt ist. Das hat nichts mit Vorurteilen zu tun. Leider ist es einfach so, dass viele Menschen Dinge an ihrem Fahrzeug verändern, ohne zu wissen, ob das in der

Kombination mit den anderen Teilen überhaupt passt. Erst letztens hatte ich wieder einen Fahrzeugführer in der Kontrolle, der auf seinem Fahrzeug Winterreifen aufgezogen hatte, die nicht auf dieses Fahrzeug gehörten. Seine Aussage war: »Ich hatte keine Winterreifen und mein Kumpel hatte noch welche über, deshalb hat er mir sie gegeben.« Der junge Mann hat nicht eine Sekunde daran verschwendet, ob diese Reifen überhaupt auf sein Modell aufgezogen werden dürfen oder ob sie richtig passen. Sowas ist absolut unverantwortlich. Ich kenne viele Menschen, die der Meinung sind, die Polizei habe es auf Tuner abgesehen. Das ist völliger Quatsch. Jeder schaut sich gern schöne Autos an. Aber Sicherheit ist eben wichtig, dass wollen manche nicht verstehen und da redet man dann gegen eine Wand.

Auf jeden Fall wurden wir von der Leitstelle mit in den Einsatz gezogen, sodass wir unsere aktuelle Verkehrskontrolle abbrechen und einen Fahndungspunkt beziehen mussten. Das bedeutet, einen Punkt zu besetzen und von da aus zu schauen, ob das gesuchte Fahrzeug vorbeikommt.

Um unseren Punkt zu erreichen, mussten wir lediglich an einer Ausfahrt drehen und ein paar Kilometer zurückfahren.

Ich wechselte den Funkkanal, damit wir den aktuellen Stand der Dinge mitverfolgen konnten. Den Gesprächen auf diesem Kanal war zu entnehmen, dass das Fahrzeug sich ca. 10 Kilometer entfernt von uns auf der Autobahn in die entgegengesetzte Fahrtrichtung fahrend befand. Keine zwei Minuten später wechselte es jedoch anscheinend die Fahrtrichtung und kam in unsere Richtung.

Uns passierte ein Fahrzeug der Kollegen aus dem Nachbarbundesland. Sie hatten ihren Zuständigkeitsbereich verlassen und drehten ab, da sie keine Feststellungen hatten. Tino und mir fehlten noch sämtliche Informationen bezüglich des Fahrzeugs. Wir wussten nichts.

»HOLLE für die 29/26«, funkte ich die Leitstelle an.

»Kommen Sie, 29/26«, wurde geantwortet.

»Wir benötigen noch jegliche Informationen zum Fahrzeugtyp, Kennzeichen und Grund der Verfolgung«, gab ich durch.

»Es soll sich um einen silbernen Opel mit französischen Kennzeichen handeln. Die Personen sollten im Rahmen der Streife von Kollegen kontrolliert werden. Sie entzogen sich der Kontrolle und flüchteten auf die Autobahn. Zuvor sollen sie dabei beobachtet worden sein, wie sie sich auf diversen Grundstücken umschauten.«

»Haben wir verstanden«, gab ich HOLLE durch.

Tino hatte schweigend mitgehört und meinte wie aus der Pistole geschossen: »Hä, da war doch gerade ein französischer Wagen. Ich habe ihn nur aus dem Augenwinkel wahrgenommen, doch das war kurz bevor die Kollegen an uns vorbeigefahren sind.«

Hatten die Kollegen da nicht richtig aufgepasst oder was war los gewesen?

Wir waren uns einig, dass wir auf gut Glück hinterherfahren würden. Es kamen nicht gerade häufig französische Fahrzeuge ausgerechnet dann vorbei, wenn man nach einem Ausschau hielt. Tino gab Vollgas und holte alles aus unserem Streifenwagen heraus. In diesem Moment bereute ich, dass ich nicht am Steuer saß. Da kam es tatsächlich mal zu einer Verfolgungsfahrt, meine erste übrigens, und ich hatte keine Chance, den Wagen zu lenken. Ich hoffe inständig, dass das nicht die letzte Verfolgungsfahrt in meinem Leben bleibt.

Eigentlich ist so etwas nicht wünschenswert, aber ich sage immer, dass die Dinge sowieso passieren, wieso also nicht dann, wenn ich im Dienst bin.

Wir schlossen schnell auf und trafen wenige Kilometer weiter auf das Fahrzeug. Ich verglich das Kennzeichen mit meinen Notizen, damit wir zu unserem Fahndungspunkt zurückkehren konnten, falls es das falsche Fahrzeug wäre.

Auf jeden Fall handelte es sich hier schon einmal um einen silberfarbenen Opel. Und Volltreffer!

»Das ist es«, schrie ich fast, obwohl Tino direkt neben mir saß.

»Ja ich sehe es. Unglaublich.«

Wir konnten es kaum fassen. Relativ häufig wurde ein Kennzeichen zur Fahndung herausgegeben und relativ häufig verlief diese negativ. Heute sollte wohl unser Glückstag sein.

Tino blieb hinter dem Fahrzeug. Zunächst bemerkte uns der

Fahrer nicht. Durch die leicht beschlagene Heckscheibe konnte ich erkennen, dass sich vermutlich zwei Personen, also Fahrer und Beifahrer, im Fahrzeug befanden.

»Wir haben das Fahrzeug vor uns und werden es weiterverfolgen«, meldete ich HOLLE.

»Alles klar. Verstärkung ist unterwegs«, wurde uns zugesichert.

Mittlerweile hatte der Fahrer bemerkt, dass ihm die Polizei im Nacken hing und beschloss, sein Fahrverhalten zu ändern. War er bislang auf dem mittleren Fahrstreifen der dreispurigen Autobahn gefahren, so versuchte er nun, uns abzuschütteln. Die Geschwindigkeit wurde von 120 km/h auf 160 km/h erhöht. In Höhe der nächsten Abfahrt wechselte er abrupt nach rechts auf den Standstreifen. Es erweckte den Eindruck, dass der unbekannte Fahrzeugführer die Autobahn an dieser Anschlussstelle verlassen wollte. Doch anstatt die Ausfahrt zu nehmen, lenkte er dann wieder nach links zurück auf die mittlere Spur. Die Geschwindigkeit wurde beibehalten. Im weiteren Verlauf wurden andere Verkehrsteilnehmer immer wieder über den Seitenstreifen überholt. Es war die reinste Slalomfahrt. Durch dieses Fahrverhalten brachte er nicht nur sich, sondern auch die anderen Verkehrsteilnehmer in Gefahr und wie ich bereits sagte, es herrschte Feierabendverkehr. Die anderen Verkehrsteilnehmer reagierten auf das Fahrzeug mit Lichthupe. Zum Glück hatte bislang niemand eine Gefahrenbremsung durchführen müssen.

Wir folgten dem Fahrzeug in einem gewissen Sicherheitsabstand, ohne dem Fahrzeug auf seinem Weg durch die anderen Fahrzeuge konsequent zu folgen. Wir blieben auf dem mittleren Fahrstreifen, sodass wir immer Sichtkontakt hatten.

Wir passierten weitere Anschlussstellen und jedes Mal lenkte der Fahrer auf den Seitenstreifen, um dann im letzten Moment wieder nach links zu ziehen. Ich gab in regelmäßigen Abständen unseren Standort an HOLLE durch. Die Unterstützung ließ auf sich warten und wir sahen keine andere Möglichkeit, als dem Fahrzeug weiter hinterherzufahren. Es jetzt zum Anhalten zu bewegen, wäre für uns und für alle anderen viel zu gefährlich gewesen.

Es folgte eine weitere Anschlussstelle und dahinter ein kleiner Parkplatz. Wieder dasselbe Spiel, herüberziehen auf den Seitenstreifen und dann der Wechsel auf den Mittelstreifen. Wir befanden uns nun auf Höhe des Verzögerungsstreifens, der direkt auf den Parkplatz führte. Kurz vor dessen Ende, beschloss der Fahrzeugführer, auf den Parkplatz nach rechts herüberzuziehen und die Autobahn an dieser Stelle zu verlassen. Das kam für uns sehr überraschend und aufgrund des Verkehrs war es uns nicht möglich, dem Fahrzeug zu folgen. Die Lücke zwischen Ausfahrt und einem Sattelschlepper war nicht besonders groß. Außerdem kannte Tino diesen Parkplatz überhaupt nicht und wusste nicht wie die Ausfahrt verlief.

»Shit!«, entfuhr es uns beiden.

Es war frustrierend, dass wir dem flüchtenden Fahrzeug in diesem Moment einen Vorsprung lassen mussten, aber Sicherheit ging nun mal vor. Man durfte sich nicht vom Jagdfieber packen lassen. Es hätte niemand etwas davon gehabt, wenn wir am Ende verletzt würden oder im schlimmsten Fall andere Verkehrsteilnehmer. Wir nahmen statt der Auffahrt die Ausfahrt, um auf den Parkplatz zu gelangen. Es waren vielleicht 60 Sekunden Vorsprung. Doch 60 Sekunden reichten aus. Sowohl Tino als auch ich wussten, was uns gleich erwarten würde. Ich spürte ein leichtes Kribbeln im Bauch. Das war so eine spannende Situation, wie ich sie bisher noch nicht erlebt hatte.

Als wir eintrafen, fanden wir das Fahrzeug verlassen vor. Verdammt! Das war so klar gewesen. Tino und ich waren sauer. Wir waren so nah dran gewesen.

Die Beifahrertür und die Fahrertür waren weit geöffnet, der Motor lief und das Licht brannte noch. Sie waren unerkannt entkommen. Der Parkplatz war durch einen Zaun begrenzt und dahinter schloss ein großes Waldgebiet an. Wir kannten uns beide nicht aus, da wir uns in einem fremden Bereich befanden, der nicht zu unserer örtlichen Zuständigkeit gehörte. Ich schaute mich um. Auf dem Parkplatz standen einige Sattelzugmaschinen geparkt. Bis auf eine waren alle verlassen. In einem Führerhaus brannte Licht und ich sah einen Mann hantieren. Schnell rannte ich zu ihm.

Er war bulgarischer Staatsbürger, doch er beherrschte in einem gewissen Maß die deutsche Sprache. Welch ein Glück für mich, denn Bulgarisch gehörte nicht zu meinen Qualifikationen.

»Haben Sie die beiden Männer aus dem Fahrzeug gesehen und wohin sie gelaufen sind?«, fragte ich ihn, während ich mit dem Finger auf das leerstehende Fahrzeug zeigte.

Er zeigte auf den Wald. »Beide sind geradewegs in den Wald gerannt«, gab er an.

»Vielen Dank.« Ich notierte mir seine Personalien für eventuelle Rückfragen und kehrte zu Tino zurück.

In diesem Moment trafen Unterstützungskräfte aus dem benachbarten Bundesland ein.

»Also aktuell haben wir zwei flüchtige Personen, die gesehen wurden, wie sie in den Wald rannten. Das Fahrzeug haben sie mit brennendem Licht und laufendem Motor stehen lassen«, übermittelten wir ihnen kurz die Infos nach unserem bisherigen Kenntnisstand.

»Okay, wir werden uns mal in dem Waldgebiet umschauen und unser Bestes versuchen«, beschlossen sie kurzerhand. Sie kletterten über den Zaun, und begaben sich in die Dunkelheit.

Ich ging zu dem Pkw hinüber, denn ich wollte einen Blick hineinwerfen, möglicherweise ließen sich Hinweise finden.

In diesem Moment trafen auch die Kollegen ein, in deren örtlichem Zuständigkeitsbereich wir uns befanden. Tino ging kurz zu ihnen, um Rücksprache zu halten. So schnell, wie sie da waren, waren sie auch wieder fort.

»Sie werden ihre Absuche auf die Straßen, die das Waldgebiet einschließen, ausrichten«, teilte er mir mit, als er zu mir zum Pkw kam. Auf den ersten, aber auch auf den zweiten Blick wirkte das Fahrzeug alt. Ich stellte den Motor und das Licht aus, denn das war nicht weiter von Bedeutung. Insgesamt waren vier Türen verbaut, die alle unverschlossen waren. Der Kofferraum war zu. Doch mit Hilfe des Fahrzeugschlüssels konnte ich auch diesen öffnen. Zu meiner

Enttäuschung war er leer. Auch die Rücksitzbank sah unspektakulär aus. Im Fußraum befanden sich einige leere Wasserflaschen der unterschiedlichsten Marken. Ansonsten konnte ich absolut nichts finden. Die Fahrerseite war ebenfalls ziemlich aufgeräumt. Keine Gegenstände in der Fahrertür oder der Mittelkonsole. Der Fußraum war bis auf ein paar Dreckkrumen ebenfalls unauffällig. Erst auf der Beifahrerseite wurde ich fündig. Nach einigen Taschentuchverpackungen in der Beifahrertür verbarg sich mein Hauptgewinn im Handschuhfach. Obwohl ich eher von einem Rubbellosgewinn statt eines Lottogewinnes sprechen möchte.

Im Handschuhfach entdeckte ich einige Dokumente, darunter einen Fahrzeugschein, einen Versicherungsnachweis und ein Formular, das auf einen Verleih oder Verkauf des Fahrzeuges hindeutete. Doch wieso ein Rubbellosgewinn? Nun ja, alle Dokumente waren in französischer Sprache und ich kann kein Wort Französisch. Ich versuchte mich am Entziffern, so gut es eben möglich war. Aus dem Fahrzeugschein und dem Versicherungsschein ließen sich keine für mich aktuell relevanten Informationen entnehmen. Als Halter konnte ich einen Firmennamen ablesen, der auch auf dem Verleih- bzw. Verkaufsdokument festzustellen war. Das war gerade einmal acht Tage alt. Jedoch stand kein konkreter Name in dem Feld, wo sonst der Käufer oder Kunde seine Daten eintrug. Also wusste ich lediglich, dass dieses Fahrzeug vor acht Tagen in Frankreich gekauft oder ausgeliehen wurde. Ich legte die Dokumente auf den Beifahrersitz, um ein paar Fotos zu machen. Dabei fiel mein Blick in den Fußraum. Was hatten wir denn da? Kaum erkennbar klemmte in der Schiene des Sitzes ein silberfarbener Ring. Es handelte sich hier augenscheinlich um einen Damenring, der mit einem weißen Edelstein versehen war. Auch wenn ich selbst eine große Schmuckliebhaberin bin, konnte ich auf dem ersten Blick nicht den Wert bestimmen. Der Ring machte einen sehr alten Eindruck und hätte gut aus Omas Schmuckkästchen stammen können.

Währenddessen sah ich, wie die Kollegen aus dem Wald zurückkehrten und den Kontakt zu Tino suchten. Ich entschied, zu ihnen zu gehen und zu fragen, ob sie etwas herausgefunden hatten. Dann konnte ich ihnen gleich von meinem Fund berichten.

»Das Gebiet ist zu weitläufig und es ist so dunkel, dass man mit einfachen Mitteln keine Chance hat, die Personen zu verfolgen. Es war jedoch erkennbar, an welcher Stelle sie den Zaun überwunden haben. Vielleicht könnte man an dieser Stelle versuchen, DNA-Spuren zu sichern«, teilten sie ein wenig frustriert mit.

»Ich habe in der Zwischenzeit versucht, über HOLLE einen Hundeführer anzufordern. Leider sind die nächsten erreichbaren Hundeführer zu weit weg. Bis die eintreffen würden, sind die Zwei längst über alle Berge«, teilte Tino mit.

Also war keine Unterstützung zu erwarten. Genauso sah es mit der Anforderung eines Hubschraubers aus. Wegen der Witterungsverhältnisse war das Fliegen nicht möglich. Wir mussten also mit dem arbeiten, was wir hatten.

»Ich habe mir das Fahrzeug angeschaut. Es ist komplett leer. Nur im Handschuhfach habe ich einige Dokumente auf Französisch gefunden. Leider kann ich kein Französisch. Aber ich vermute, dass es sich unter anderem um einen Fahrzeugschein und eine Rechnung von einem Verleih beziehungsweise Verkauf handelt. Im Fußraum habe ich in der Schiene vom Beifahrersitz einen silbernen Ring gefunden. Aber das bringt uns alles nicht so richtig voran«, teilte ich den Anderen mit. »Kann jemand von euch zufällig Französisch?«

Das wurde von allen Anwesenden verneint. Trotzdem begaben sich die Unterstützungskräfte zum Pkw und wollten ebenfalls einen Blick hineinwerfen. Die anderen Kollegen meldeten über Funk, dass sie an den Landstraßen bisher keine Feststellungen hatten. Anscheinend war das Glück wohl doch nicht auf unserer Seite.

Immerhin hatten wir Glück gehabt, was die Fahndung betraf. Menschen klauen, Menschen flüchten, Menschen entkommen. Selten schafft man es, jemanden ausfindig zu machen. Ein geringer Vorsprung reicht meistens aus und es macht einen erheblichen Unterschied, ob die Person(en) zu Fuß, mit einem Zweirad oder einem Pkw flüchtet(en).

Ich erinnere mich noch an meine Praktikumszeit. Da wollten wir eine Person auf einem Roller kontrollieren und diese flüchtete. Sie entkam uns nur, weil sie in einem Wohngebiet einen Radweg nutzte, der mittig mit einem Poller versehen war. Eine Fahndung ist also deutlich schwieriger als sie in Filmen immer dargestellt wird. Man sucht die berüchtigte Nadel im Heuhaufen.

Auch den Unterstützungskräften fiel nichts weiter auf, was uns vorangebracht hätte. Der Pkw wurde sichergestellt. Vielleicht konnte man später noch Spuren sichern.

An sich war klar, dass das Fahrzeug von den Flüchtigen in Frankreich besorgt worden war, um hier in Deutschland mobil zu sein. Die wenigen Gegenstände im Fahrzeug wiesen ebenfalls daraufhin, dass das Fahrzeug nur Mittel zum Zweck war. Die Fahrzeuginsassen waren nicht darauf aus gewesen, sich heimisch einzurichten. Der Ring stammte meines Erachtens nach aus einem Einbruchdiebstahl. Vermutlich war er bei der Flucht aus der Tasche gefallen. Einer Tasche, in der man sicherlich noch mehr Schmuck gefunden hätte. Doch das sind alles nur Spekulationen.

Einige Tage später erfuhr ich über meinen Schichtleiter, dass das Fahrzeug ein paar Tage zuvor tatsächlich in der Nähe eines Tatortes gesehen worden war. Möglicherweise gab es eine Verbindung. Aber bisher hatte man noch nichts ermitteln können. Auch ob der von mir aufgefundene Ring aus diesem Einbruch stammte, war nicht bekannt.

Da ich den Vorgang in das Nachbarbundesland abgegeben hatte, hatte ich gedacht, dass die Sache somit erledigt war und ich nichts mehr über den Verlauf der Ermittlungen hören würde.

Aber tatsächlich erhielt ich anderthalb Wochen später einen Anruf. Die Kollegin am Telefon teilte mir mit, dass auf der Fahrzeugkarosserie Fingerabdrücke gefunden worden waren, die einer Person zuzuordnen waren, die schon des Öfteren Wohnungseinbruchsdiebstähle begangen hatte. Man hatte also einen Ermittlungsansatz.

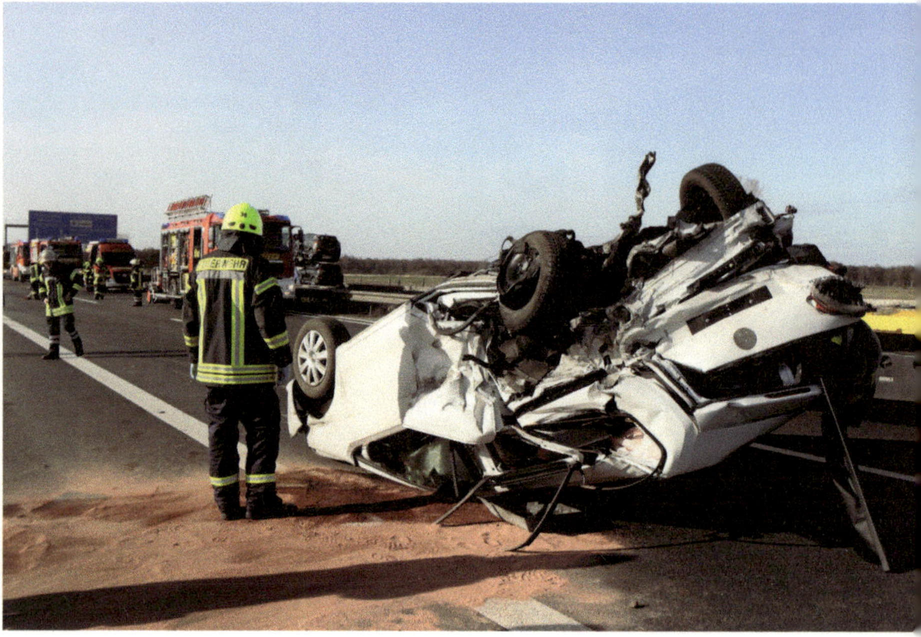

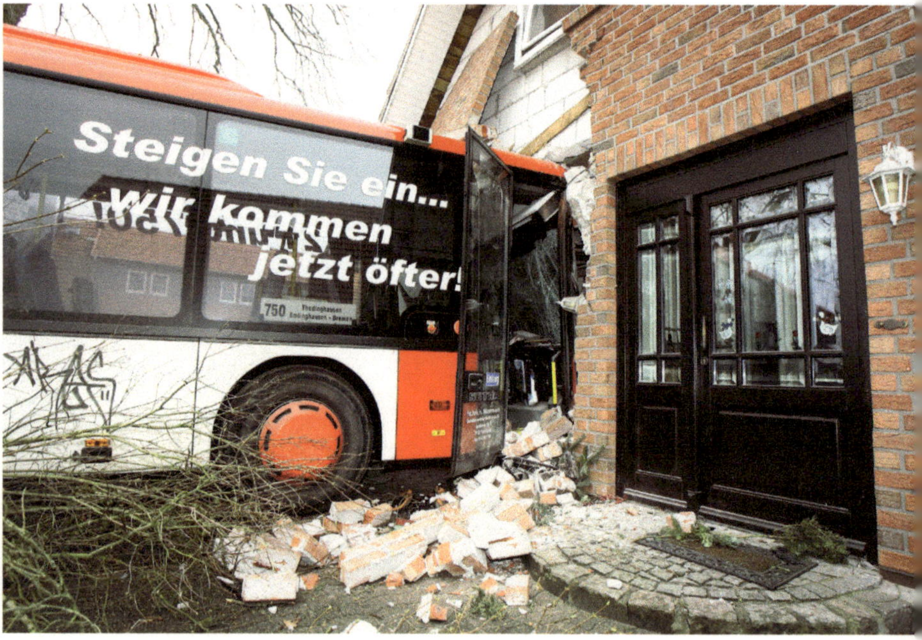
Steigen Sie ein...
wir kommen
jetzt öfter!
750

Wer liebt, der schiebt

Es ist ein komisches Gefühl, wenn um 5:00 Uhr morgens der Wecker klingelt, du um 5:30 Uhr auf der Arbeit bist und schon gegen 5:40 Uhr auf der Bundesautobahn stehst und ein Fahrzeug vor dir herschiebst.

Ich muss gestehen, früher war ich kein so großer Morgenmuffel. Spät ins Bett gehen und früh raus für die Schule, war Alltag. Heutzutage ist das anders. Wenn ich heute früh aufstehe, und mit früh meine ich alles vor 7:00 Uhr, dann fühle ich mich wie Mageninhalt.

Deshalb habe ich schon im Praktikum meinen Anleiter dazu gebracht, fast nur Nachtdienste zu bekommen und auf Frühdienste zu verzichten. Klappte gut. Was für mich die Frühdienste waren, waren für ihn die Nachtdienste. Eines Tages berichtete er mir davon, dass sein Sohn meinte: »Papa, noch 86 Stunden, dann bist du wieder normal.« Fand ich ziemlich witzig.

An dieser Stelle möchte ich dir danken, dass du das so mitgemacht hast. Man sagt immer, bei manchen Menschen, die man im Leben trifft, fühlt es sich an, als würde man sich schon ewig kennen. Eine solcher Mensch bist du für mich. Auch wenn das Praktikum schon länger zurückliegt und ich in diesem leider keine spektakulären Einsätze erlebt habe, war es doch die beste Zeit meines Lebens. Nach anfänglichen Schweigeminuten merkten wir, dass wir auf einer Wellenlänge waren und über alles reden konnten. Ich bin froh, dass wir immer noch in Kontakt stehen, auch wenn wir unterschiedliche Karrierewege eingeschlagen haben. Danke für diese unvergessliche Zeit.

So stand ich an diesem Morgen um 5:30 Uhr auf der Dienststelle, als das Telefon klingelte.

Der Anrufer meldete, dass im einspurigen Baustellenbereich ein Fahrzeug liegengeblieben war. Meine Streifenpartnerin im Frühdienst heute war Vici. Wir sprangen ins Fahrzeug und wollten versuchen, den Liegenbleiber, wie sie von uns genannt wurden, aus dem einspurigen Baustellenbereich herauszubekommen. Innerhalb der Baustelle gab es immer wieder Parkbuchten. Vielleicht war die nächste in Reichweite. Wir fuhren im direkten Baustellenbereich neben dem stehenden Verkehr her und entdeckten nach etwa zwei Kilometern das Fahrzeug. Ein dunkler Pkw stand mit eingeschalteten Warnblinklicht in der Baustelle. Wegen der geringen Breite der Fahrspur war es er dem nachfolgenden Verkehr nicht möglich, vorbeizufahren. Wir nahmen Kontakt mit den beiden danebenstehenden, hilflos wirkenden männlichen Personen auf.

»Der Abschleppservice ist schon verständigt und auf dem Weg hierher. Das Fahrzeug hat vermutlich einen technischen Defekt«, meinten sie.

Es war gut, dass der Service bereits verständigt worden war, dennoch staute sich der Verkehr erheblich und es würde die nächste Zeit nicht weniger werden. Ein großer Teil der arbeitenden Bevölkerung startete gegen 6:00 Uhr in Richtung ihrer Arbeitsstätte.

»So lange können wir das Fahrzeug hier nicht stehenlassen. Der Stau muss so schnell wie möglich aufgelöst werden«, teilte Vici den beiden Männern mit.

Sie schaute mich an: »Wir müssen schieben. Willst du fahren oder schieben?«

Ich beschloss zu schieben. Es war zwar früh am Morgen, aber so würde mein Kreislauf in Schwung kommen. Außerdem war ich offen für jede extra Sporteinheit. Dann setzte sich einer der Männer hinters Steuer, um zu lenken. Der zweite und ich fingen an, das Fahrzeug am Heck anzuschieben. Vici setzte sich in den Streifenwagen und begleitete uns.

So setzten wir die anderthalb Tonnen in Bewegung. Über die

Wache hatten wir ermittelt, dass die nächste Parkbucht etwa 600 Meter entfernt war. Es war nicht schwer, ein Fahrzeug zu schieben, besonders nicht, wenn es einmal rollte. Ein leichtes Ziehen in der Oberschenkelmuskulatur und im Bizeps, aber es machte Spaß. Das sind seltene Momente, wenn die Arbeit nicht nur aus Personalien aufnehmen oder Computerarbeit besteht. Es heißt so schön ʽPolizei dein Freund und Helferʼ, doch oft muss man nicht helfen. Grundsätzlich gut, wenn Menschen keine fremde Hilfe benötigen. Doch ich mag solche Einsätze, weil es genau die sind, die einem das Gefühl geben, etwas Gutes zu tun. Es ist schön, anderen Menschen eine Freude zu bereiten.

Die zwei Drittel lagen bereits hinter uns. Der Mann neben mir pumpte jetzt wie ein Maikäfer auf dem Rücken. Da soll nochmal jemand sagen, Männer haben mehr Power als Frauen. Hier war der Beweis, dass das nicht stimmte. Doch gemeinsam schafften wir auch das letzte Drittel und erreichten die Parkbucht.

»Danke, danke. Ganz vielen Dank.«

Die beiden waren sichtlich erleichtert und bedankten sich überschwänglich. Wir waren auch beruhigt, denn der Verkehr konnte wieder fließen. Unsere Arbeit war somit getan. Der Fahrer und sein Beifahrer würden warten, bis der Abschleppservice kam. Das konnte nicht mehr lange dauern. Vici und ich stiegen wieder in unseren Funkwagen. Der Plan war, zurück zur Dienststelle zu fahren und zu frühstücken. Das hatten wir uns auf jeden Fall verdient.

Die nächsten Stunden strichen so dahin. Es gab wie üblich ein paar Verkehrsunfälle aufzunehmen. Einige Verkehrsteilnehmer hatten beim Lernen der Vorfahrtsregeln in der Fahrschule wahrscheinlich nicht richtig aufgepasst, das stellte ich immer wieder fest.

Wer auf eine Straße oder Autobahn auffährt, der muss sich vergewissern, dass von links kein anderes Fahrzeug kommt. Das beachten viele aber einfach nicht und genau deswegen knallt es ständig. Ein leidiges Thema. Dann bestehen beide Unfallbeteiligten auf ihr Recht und der Verursacher will seinen Fehler nicht einsehen. Oft liegt es auch daran, dass der Fahrzeugführer eines Pkws nicht an den toten Winkel eines Lkw-Fahrers denkt. Es folgen unnötige Diskussionen und Gerichtstermine. Also bitte, in Zukunft beim Auffahren über den Beschleunigungsstreifen immer schön aufpassen, ob die linke Spur frei ist.

Es war kurz nach 11:00 Uhr.
»29/21 für HOLLE«, klickte es im Funk.
»Hier ist die 29/21«, meldete ich mich.
»Wir haben den nächsten Liegenbleiber. Das Fahrzeug steht direkt in der Autobahnausfahrt. Soll wohl ungünstig stehen.«
»Ja, wir fahren hin.«
»Noch eine kleine Schieberunde«, scherzten Vici und ich.

Solche fitnessfördernden Dienste waren eigentlich selten, aber heute hatten wir wohl das große Los gezogen.

Gefahrenstellen, wie der Obergriff lautet, wenn Gegenstände auf der Fahrbahn herumlagen oder, wie in diesem Fall, liegengebliebene Fahrzeuge, sind besonders im Auf- oder Ausfahrtenbereich gefährlich. Hier ist die Wahrscheinlichkeit, dass es zu Verkehrsunfällen kommt, besonders hoch. Aus diesem Grund war es unerlässlich, mit Blaulicht und Martinshorn anzufahren. Die Ausfahrt befand sich auf der Gegenrichtungsfahrbahn, deshalb mussten wir erst einmal einige Kilometer in die eine Richtung fahren, um dann zu drehen und schließlich zu unserem Einsatzort zu gelangen.

Bei dem Fahrzeug handelte es sich um einen älteren Peugeot 206. Die Fahrzeugführerin war eine junge Frau. Sie schien über unser Erscheinen sehr erfreut zu sein.

»Auf einmal haben alle Lampen im Bordcomputer aufgeleuchtet. Dann ist das Auto ausgegangen und nun bekomme ich es nicht mehr an. Ich weiß nicht, wie ich hier wegkommen soll«, begrüßte sie uns.

»Keine Sorge, das bekommen wir schon hin«, versicherte Vici.

Wir sicherten zunächst das Fahrzeug nach hinten mit dem Blaulicht unseres Streifenwagens ab. Zudem schalteten wir »PFEILE NACH LINKS« an unserer Topanlage an. Nun hatten wir die Möglichkeit, entweder weiteres Absicherungsmaterial aufzustellen oder das Fahrzeug direkt die Anhöhe hochzuschieben. Wie wir wussten, befand sich nahe der Ausfahrt eine Art Parkplatz, wo es möglich war, den Pkw abzustellen.

Natürlich entschieden wir uns für das Schieben, jung und dynamisch, wie wir waren.

»HOLLE für die 29/21«, funkte Vici.

»Hier ist HOLLE.«

»Wir benötigen einmal einen Abschleppservice hier an die Einsatzörtlichkeit.«

»Alles klar, fordere ich an.«

Der Abschleppservice dauerte immer am längsten, deswegen war es klug, den direkt am Anfang zu bestellen.

»Okay, Sie setzen sich jetzt in Ihr Fahrzeug und lenken. Wir schieben von hinten«, erklärte ich der Fahrzeugführerin. Den Streifenwagen ließen wir in der Ausfahrt zur Absicherung stehen. Dann legten wir los.

Ein Fahrzeug eine Ausfahrt hochzuschieben, ist etwas anderes, als wenn man auf einer Geraden schiebt. Auch wenn es sich hier nur um einen Kleinwagen handelte. Wir hatten etwa die Hälfte geschafft, als sich von hinten ein Passat näherte.

»Können wir helfen?«, hörte ich jemanden von hinten rufen.

Wir drehten uns um. In dem Fahrzeug konnten wir zwei gutgekleidete Männer im Sakko ausmachen. Diese Hilfe nahmen wir natürlich dankend an.

Der Beifahrer stieg aus, sodass wir nun zu dritt weiterschoben. Der Fahrer ließ den Passat langsam hinter uns her rollen. Mit vereinten Kräften erreichten wir das Ende der Ausfahrt und somit auch das Ende der Steigung. Der Parkplatz, auf dem der defekte Pkw abgestellt werden sollte, war noch 100 m entfernt. Wir mussten kurzzeitig die Kreuzung sperren, um dann den Pkw um die Kurve zu lenken und weiter zu schieben. Vici holte den Streifenwagen. Unsere eifrigen Helfer parkten ihr Fahrzeug währenddessen auf der Grünfläche neben der Ausfahrt. Als Vici mit dem Streifenwagen kam, stellte sie sich quer auf die Straße, um die anderen Autofahrer zum Anhalten zu bewegen. Dann schob ich mit den beiden Helfern den defekten Wagen in

Richtung des Parkplatzes. Die Fahrzeugführerin war mittlerweile ausgestiegen und telefonierte mit einem Freund oder Verwandten. Da es an dieser Stelle bergab ging, kam der Pkw ins Rollen und nahm an Geschwindigkeit zu. Ich schob an der A-Säule und lenkte nebenbei, bis ich mich gezwungen sah, ins Auto zu springen und zu bremsen.

Wer jetzt an einen eleganten Sprung á la Actionfilm denkt, der irrt. Mit einem missglückten Sprung gelangte ich auf den Fahrersitz. Dabei blieb ich mit dem Fuß hängen und stieß mir das Schienbein, weder elegant noch schön, sondern eher schmerzhaft. Ich konnte ein kurzes »Aua« nicht unterdrücken. Einer der helfenden Männer, der sich fast neben mir befand, beobachtete mein Sprungmanöver und stieß nur einen mitleidigen Ton hervor, bevor ich ihm davonrollte.

Ich ignorierte den Schmerz und lenkte das Fahrzeug unter Nutzung der Bremse auf den Parkplatz.

Vici kam mit der Fahrzeugführerin zum Parkplatz.

»Hier können Sie erstmal stehen bleiben, bis der Abschlepper kommt«, informierte sie die Frau.

»Danke für Ihre Hilfe«, bedankten wir uns bei den Männern, die ebenfalls am Parkplatz angekommen waren. Für uns war die Sache erledigt. Die Gefahrenstelle war beseitigt. In nicht einmal einer Stunde war es Zeit für Feierabend. Dieser Dienst war dann doch recht schnell vergangen. Wir wollten gerade wieder aufbrechen, als einer der Männer auf mich zu kam.

»Ich hätte noch eine Frage, aber in einer anderen Sache«, gab er an. Er wirkte sehr ernst und ich fragte mich, welchen Ratschlag er denn benötigte.

»Okay, worum geht es denn?«, fragte ich.

»Das würde ich gerne unter vier Augen besprechen«, setzte er fort.

»Oha«, entfuhr es mir. Es kam selten vor, dass jemand das Bedürfnis hatte, unter vier Augen etwas zu besprechen und wenn, ging es dabei um sehr ernste Sachen. Also was war sein Anliegen?

Wir gingen etwa drei Meter zur Seite. Ich schaute ihn erwartungsvoll an und hoffte zugleich, dass er nicht gleich mit einer total merkwürdigen Geschichte um die Ecke kommen würde.

»Also ich habe da mal eine Frage.«, fing er wieder an.

»Ja?« Ich schaute ihn immer noch fragend an.

»Ich habe mich gerade vor den anderen und Ihrer Kollegin nicht so recht getraut. Aber Sie sind mir gleich aufgefallen und könnte ich Ihre Nummer haben?«

Ich war in diesem Moment wirklich perplex und musste mir zugleich das Lachen verkneifen. Dieses ernsthafte Auftreten und dann diese Frage. Wie soll man da Ernst bleiben?

»Nein. Sorry, aber die möchte ich Ihnen nicht geben«, brachte ich unter einem Schmunzeln hervor und versuchte dabei so nett wie möglich zu sein, denn es hatte ihn sicher Mut gekostet, mich zu fragen. Es tat mir auch ein wenig leid, ihm eine Abfuhr zu erteilen. Schließlich wird niemand gern abgewiesen.

»Ach, warum denn nicht? Was spricht denn dagegen?«, ging er nun in die Betteltaktik über.

Das wiederum mochte ich weniger. So traurig es manchmal ist, aber nicht immer sind Empfindungen gleich und man muss auch ein »Nein« akzeptieren.

Ich antwortete mit einem bestimmten »Nein!«, was deutlich machen sollte, dass da kein Spielraum war.

»Okay, dann habe ich wohl keine Chance«, gab er an.

»Nein, tut mir leid«, waren meine letzten Worte, dann kehrte ich zu Vici zurück. Wir verabschiedeten uns von allen vor Ort Anwesenden und stiegen in den Streifenwagen.

»Was wollte der Mann denn?«, fragte mich Vici auf der Rückfahrt zur Dienststelle.

»Er wollte meine Nummer haben und hat sich vor euch nicht getraut, mich zu fragen.«

Sie musste herzlich lachen. Die Art und Weise, wie sich die Situation zugetragen hatte, war aber auch zu komisch gewesen.

Nun wollen immer alle wissen, ob man solche Situationen als Polizistin häufig erlebt. Ich finde, diese Geschichte ist ein guter Einstieg, um diese Frage zu klären. Man kennt die Anmachsprüche, die Polizistinnen für gewöhnlich zu hören bekommen. Zumindest denkt man das. So schlimm ist es aber tatsächlich nicht. Ich glaube, jede meiner Kolleginnen hat irgendwann schon mal das Herz eines Mannes höherschlagen lassen. Doch man ist definitiv nicht ständig Kommentaren oder Sprüchen ausgesetzt. Wenn ich nachdenke, war diese Situation bis zum heutigen Zeitpunkt die einzige dieser Art für mich. In diesem Fall war sie für den Mann nicht erfolgreich, aber ich kenne Geschichten, wo es anders verlief und auch Polizisten werden mal nach ihrer Nummer gefragt. Und ich wüsste jetzt auch nicht, warum es verwerflich ist, eine(n) Polizeibeamten/Polizeibeamtin kennenzulernen, die/den man zufällig trifft und interessant findet. Schließlich hat jeder von uns auch ein Privatleben.

Ein dickes Ding

Samstag an einem Wochenende im Februar. Es war kalt und grau, wie es sich halt für den Februar gehört. Ich war ziemlich ausgeschlafen und ein bisschen übermotiviert für den anstehenden Zwölf-Stunden-Tagesdienst.

Die letzten Wochen waren langweilig gewesen, hauptsächlich Verkehrsordnungswidrigkeiten. Selbst ein Verkehrsunfall war eine Seltenheit und das, obwohl man im Winter eigentlich von einem höheren Unfallaufkommen ausgehen kann. Eigentlich gut, aber die Dienste waren mir eben ein wenig zu ruhig.

Ich äußerte also, dass ich mal wieder Lust auf was Großes hatte, ein dickes Ding, wie man es bei uns umgangssprachlich so nannte. Die Kollegen schmunzelten amüsiert über diese Aussage. Erstklassige Formulierung, direkt und doppeldeutig, weiß ich. Ich musste selbst lachen.

Da ich aus meinen vergangenen Diensten keine offenen Vorgänge mehr abzuarbeiten hatte, wartete ich darauf, dass Simon, mein heutiger Streifenpartner, seine Vorgänge fertig bearbeitet hatte und wir nach draußen konnten.

Simon war anerkannter Dokumentenprüfer, sodass er immer etwas zu tun hatte. Auch andere Behörden arbeiteten mit ihm zusammen, wozu unter anderem auch der Landkreis gehörte. Dieser sandte ihm öfter Dokumente zu, bei denen nicht auszuschließen war, dass es sich um eine Fälschung handelte. Auch jetzt hatte Simon einige dieser Dokumente auf seinem Schreibtisch liegen und begutachtete sie genauer. Zwei Stunden musste ich mir noch die Zeit vertreiben. Es ist ganz normal, dass man mal warten muss, wenn einer noch etwas zu schreiben hat und der andere nicht. Ich nutze die Zeit dann immer, um mich über Nachrichten & Neuigkeiten zu informieren.

Zwei Stunden später stiegen wir endlich in den Funkwagen. Ich hatte heute Lust zu fahren, was Simon ganz recht kam, denn er hatte letzte Nacht wenig geschlafen.

Es gibt verschiedene Möglichkeiten, um Präsenzstreife zu fahren, womit das Umherfahren ohne ein bestimmtes Ziel gemeint ist, um für Recht und Ordnung zu sorgen. Manche Kollegen stellen sich irgendwo auf und beobachten den Verkehr. Andere fahren durch den Zuständigkeitsbereich ganz normal Streife. Je nachdem, wie man Lust verspürt, wird ein Fahrzeug einer Kontrolle unterzogen. Ich gehöre eher zu dem letzteren Typ, weil rumstehen mir zu eintönig ist. Vielleicht bin ich dafür auch zu ungeduldig.

Grundsätzlich gibt es Verkehrskontrollen, die unabhängig stattfinden und die, die auf einem bestimmten Grund basieren. Die sogenannte allgemeine Verkehrskontrolle ist womöglich allen bekannt. Ein Fahrzeug wird angehalten, weil es beliebig ausgewählt wurde. Viele denken, eine solche Kontrolle würde nicht unabhängig ausgewählt. Diese Menschen unterstellen, dass wir aufgrund von Vorurteilen handeln würden und ihnen schaden wollen. Doch dem ist nicht so.

Es kann sein, dass gewisse Erfahrungswerte einfließen, aber man unterstellt grundsätzlich niemandem kriminell zu sein. Vielleicht klingt das widersprüchlich, daher möchte ich das näher erläutern.

Jeder Polizeistudent ist ein ungeschliffener Diamant: Man bekommt zwar Wissen mit auf den Weg gegeben, aber Erfahrung muss man selbst sammeln. Dann kommt man auf die Dienststelle. Alles ist neu und aufregend, jetzt geht es endlich richtig los. Kollegen berichten von ihren Erfahrungen. Du schüttelst den Kopf, lächelst und verstehst manches nicht, denn du hast sowas noch nie erlebt.

Dann versiehst du Dienst. Tag für Tag. Du sammelst Eindrücke und lernst ständig neue Menschen kennen. Ganz viele Charaktere, Persönlichkeiten und unterschiedliche Altersklassen. Alle sind verschieden und doch haben sie auch Gemeinsamkeiten. Ein Mensch, der die Polizei anruft, benötigt explizit Hilfe oder ist Opfer einer Straftat geworden. Ein Mensch, wegen dem wir gerufen werden, ist meist Verursacher eines Problems oder Täter einer Straftat.

Menschen, mit denen man immer wieder in Kontakt treten muss, weil sie Probleme verursachen, haben oft ihr Leben nicht im Griff. Viele von ihnen haben die Schule abgebrochen und gehen ziellos durchs Leben. Ihnen ist es egal, ob sie mit uns zu tun haben. Hier heißt es nur: Die Bullen kommen. Uns und auch anderen Menschen bringen sie nur wenig oder gar keinen Respekt entgegen.

Das Gegenteil stellen die Menschen dar, die einen guten Schulabschluss haben und große Ziele im Leben verfolgen. Mit solchen Personen wird man selten Konflikte lösen müssen. Sie treten mit Respekt auf und lassen uns unsere Arbeit machen, wenn sie nötig ist. Aber natürlich trifft man auch bei solchen Menschen auf schwarze Schafe.

Zu welcher der beiden Gruppen eine Person gehört, erkennt man irgendwann. Schon allein das äußere Erscheinungsbild sagt viel über eine Person aus. Dinge wiederholen sich und daraus entwickeln sich Erfahrungswerte. Niemand verurteilt jemanden. Aber es sind immer wieder Menschen mit ähnlichem Erscheinungsbild, ähnlichem Verhalten und ähnlichem Lebenslauf, die Probleme verursachen und straffällig werden.

Natürlich kann ich nicht ausschließen, dass es Kollegen gibt, die gegenüber anderen Menschen Vorurteile hegen. Bisher habe ich solche Kollegen zum Glück nicht kennengelernt, denn Vorurteile verhindern Denken, wo es angebracht wäre, und ich möchte mich auf meinen Partner verlassen können.

Dann gibt es die Verkehrskontrollen, die auf einer vorausgegangenen Feststellung basieren, also auf einer Auffälligkeit. Manchmal ist es ein defekter Scheinwerfer, ein kaputter Reifen oder Ladung, die nicht vorschriftsmäßig gesichert ist. Manchmal werden Fahrzeuge gemeldet, weil der Fahrzeugführer Schlangenlinien fährt oder sich verdächtig verhält.

Wir streiften umher. Etwas Herausragendes zu finden, hatte auch etwas mit Glück zu tun. Mit herausragend meine ich, aus Eigenfeststellung eine Straftat aufzudecken.

Wir zogen an einigen Fahrzeugen vorbei, doch es war keins dabei, das ich hätte kontrollieren wollen. Simon auch nicht.

Schließlich passierten wir einen silbernen Peugeot. In ihm befanden sich zwei afrikanisch aussehende Männer. Beide guckten zu uns herüber, als wir an ihnen vorbeifuhren. Diese Sekunden, in denen sich unsere Blicke trafen, reichten aus, um das mir mein Bauchgefühl vermittelte: Die.

»Die«, sagte ich zu Simon.

Er musste lachen. »Weil die schwarz sind, oder was?«

»Was hat das denn damit zu tun? Ich kann es nicht begründen, aber mein Bauchgefühl sagt mir, dass ich sie kontrollieren möchte.«

»Meinetwegen. Mir egal«, kam es von Simon.

Ich vertraute auf mein Gefühl. Bisher hatte es mich noch nie getäuscht. Bisher hatte ich keine Erfahrungen mit dunkelhäutigen Menschen gesammelt und ich mache keinen Unterschied zwischen ausländischen und deutschen Bürgern. Straffällig wird man schließlich nicht wegen seiner Hautfarbe.

Ich setzte mich vor das Fahrzeug und schaltete ›BITTE FOLGEN‹. Der nächste Parkplatz war nicht weit, dort konnten wir in aller Ruhe unsere Kontrolle durchführen.

Etwa fünf Minuten später erreichten wir den Parkplatz. Er war neben einer Gaststätte und grenzte an ein Feld. Das Fahrzeug hielt neben uns.

»Wieso tun die das?«, fragte ich Simon.

»Keine Ahnung«

Simon war heute wieder voll in seinem Element. Kurze, knappe Antworten. Diese mürrische Art durfte man nicht zu ernst nehmen. Normalerweise sollte das zu kontrollierende Fahrzeug hinter dem Streifenwagen halten. Dann hatte man genug Zeit zum Aussteigen und was das eigene Sicherheitsgefühl anbetraf, war es auch deutlich angenehmer.

Nun stand das Fahrzeug mit unserem auf einer Höhe, das machte mir kein gutes Gefühl. Man weiß schließlich nie, ob die Menschen einem gutgesinnt sind. Doch ich konnte es nicht ändern. Ich ging um das Fahrzeug herum auf die Fahrerseite. Der Fahrer hatte die Scheibe heruntergelassen.

»Guten Tag. Eine allgemeine Verkehrskontrolle. Ich hätte gern die Ausweise, den Führerschein und den Fahrzeugschein gesehen.«
Der Fahrer reichte mir alle Dokumente durch das Fenster.

»Können Sie mir noch Ihre Ausrüstungsgegenstände zeigen?«, fragte ich weiter.

Zu den Ausrüstungsgegenständen zählen der Verbandskasten, die Warnweste und das Warndreieck. Diese Sachen können bei einem Unfall lebenswichtig sein und gehören deshalb auf jedes Fahrzeug mit vier Rädern.

»Das ist nicht mein Fahrzeug. Das ist sein Fahrzeug«, gab der Fahrer an und zeigte auf seinen Beifahrer. Er sprach in einer anderen Sprache zu seinem Beifahrer, daraufhin stieg er aus und zeigte mir die gewünschten Gegenstände. Der Fahrer stieg ebenfalls aus.

»Wir kommen gerade von einer Polizeidienststelle und haben den Schlüssel für das Fahrzeug geholt. Mein Beifahrer wurde angehalten und hatte keinen Führerschein, deshalb durfte er nicht weiterfahren und musste das Auto stehen lassen. Nun haben wir den Schlüssel geholt, damit wir das Fahrzeug im Anschluss holen können. Jetzt sind wir auf dem Weg nach Hause.«

»Ich habe einen Führerschein, aber nur einen afrikanischen«, äußerte sich der Halter des Fahrzeuges dazu in gebrochenen Deutsch.

In Deutschland ist jede ausländische Person, die aus einem Drittstaat nach Deutschland zuzieht, nach Ablauf von 6 Monaten dazu verpflichtet, ihren ausländischen Führerschein umschreiben zu lassen. Sollte sie dieser Pflicht nicht nachkommen, dann führt das unweigerlich dazu, dass der Führerschein seine Gültigkeit in Deutschland verliert und die Person das Fahrzeug führt, ohne im Besitz einer Fahrerlaubnis zu sein. Als Drittstaat werden die Länder bezeichnet, die nicht Mitglieder in der Europäischen Union sind. Immer wieder kommt es vor, dass Bürger aus eben diesen Drittstaaten vergessen ihren Führerschein umzuschreiben und dann ein Strafverfahren wegen Fahren ohne Fahrerlaubnis gegen sie eröffnet wird. So war es anscheinend auch diesem Mann ergangen.

Simon und ich nahmen die Angaben so zur Kenntnis. Bei dem Führerschein des Fahrers handelte es sich um eine EU-Führerscheinkarte. Somit war hier alles in Ordnung.

»Ich möchte gern noch Ihre Fahrtüchtigkeit überprüfen«, beschloss ich im Rahmen der Kontrolle.

Die durchgeführten Tests verliefen ohne Auffälligkeiten.

»Okay, Sie können sich wieder in Ihr Fahrzeug setzen, wenn Sie wollen«, teilte ich den beiden Männern mit.

Simon wollte noch eben die Dokumente hinsichtlich der Echtheit überprüfen. Dazu setzten wir uns in den Streifenwagen. Nach Simons eingehender Prüfung empfand er alle vorliegenden Dokumente als echt. Wir wollten gerade aussteigen und den Männern die Dokumente zurückgeben, da klickte es im Funk.

»29/23 für Wache 27, kommen«, meldete sich die Wache.

»Ja hier die 29/23, wir sind hier noch in einer Kontrolle«, funkte Simon.

»Ja, ich weiß. Es geht um das Fahrzeug, das ihr kontrolliert. Das ist vor ein paar Tagen schon einmal aufgefallen.«

Simon und ich schauten uns verdutzt an. Konnte unser Kollege hellsehen?

»Ähm ja, was ist denn mit dem Fahrzeug?«, meldete Simon.

»Hier rief gerade eine Verkehrsteilnehmerin an und meldete, dass vor ihr ein silbernes Fahrzeug gefahren sei. Vor dem Fahrzeug hat sie einen Streifenwagen mit ›BITTE FOLGEN‹ gesehen. Der Beifahrer des Fahrzeuges hat einen Gegenstand aus dem Fenster geworfen, der aussah wie ein kleines Buch. Das Ganze kam ihr komisch vor und sie rief daraufhin hier an.«

»Okay, dann soll die andere Streifenbesatzung einmal schauen, ob sie etwas finden. Wir warten so lange hier«, gab Simon zurück.

Simon ging zu den beiden Männern herüber, die außerhalb ihres Fahrzeuges standen und sich unterhielten.

»Wir warten auf die Kollegen, denn es wurde beobachtet, wie etwas aus Ihrem Fahrzeugfenster geworfen wurde. Etwas kleines, eckiges. Möchten Sie dazu etwas sagen?«

»Das war eine leere Kaugummipackung, so wie die, die da in der Mittelkonsole steckt. Die war leer und ich habe sie rausgeschmissen«, gab der Beifahrer an.
»Und wieso werfen Sie es nicht in den nächsten Papierkorb?«
»Ja, keine Ahnung.«
»Wir warten auf die Kollegen. Die müssten ja die Kaugummipackung finden.«

Wir setzten uns wieder in den Streifenwagen, weil es draußen einfach ungemütlich windig und kalt war.
»Glaubst du ihm das?«, fragte ich Simon.
»Ist schon möglich, dass es so eine alte, viereckige Kaugummipackung war. Kann aber auch etwas anderes gewesen sein.«
»Naja, ich kann mir das nicht wirklich vorstellen. Zumal die Zeugin meinte, dass es aussah wie ein Buch. Ich denke eher, dass es sowas wie ein Pass war. Hoffentlich finden die anderen was.«
»Wenn es nicht schon längst weggeweht ist«, kam es wieder mürrisch von Simon.
Mann, dieser Typ, dachte ich mir, aber sagte nichts.
Nach 10 Minuten warten, bogen Tino und die Praktikantin um die Ecke. Tino hatte den Streifenwagen noch nicht richtig abgebremst, da ließ er schon die Fensterscheibe herunter und streckte seinen Arm aus.
»Der ist sowas von gefälscht, das habe ich sogar erkannt«, kam es voller Stolz.
Er überreichte uns eine schwarze Hülle, auf der »PASS« aufgedruckt war.
Simon grinste und nahm den Pass entgegen.
»Er lag genau da, wo die Zeugin es beschrieben hatte. Direkt an der Schutzplanke neben dem Grünstreifen.«
Simon und ich warfen einen Blick auf den Pass. Es handelte sich um einen niederländischen Reisepass. Die Vorderseite, die einmal mit Passbild, Chip und Namen des Besitzers versehen gewesen war, war herausgetrennt worden. Darüber war eine neue Seite aufgeklebt worden.

Das Passbild stellte irgendwie eine Mischung aus den beiden Männern, die vor uns standen, dar. Der eine hatte die Ohren und der andere die Nase vom Passfoto.

Es war eindeutig eine Fälschung, so viel war sicher. Eine richtig schlechte. Die Prüfung der Ausweisnummer ergab, dass dieser Reisepass in der Datenbank als gestohlen gemeldet war.

»Sie sind jetzt beide Beschuldigte im Strafverfahren und stehen im Verdacht, diesen Reisepass gestohlen und verfälscht zu haben«, belehrte ich die beiden Herrschaften.

»Nicht verstehen«, gab der Fahrer, der der nur wenig Deutsch sprach, aber bisher immer alles Gesprochene ganz gut verstanden hatte, nun an.

Hier in diesem Fall war es recht nützlich, dass der Fahrzeugführer ausgesprochen gut Deutsch sprach.

»Können Sie für Ihren Freund bitte übersetzen«, forderte ich ihn auf. Dem kam er nach.

»Haben Sie denn dazu etwas zu sagen?«, fragte Simon die beiden. Sie schüttelten mit dem Kopf. »Nein, haben wir nicht.«

»Okay, wir durchsuchen jetzt Ihr Auto. Gehen Sie bitte ein paar Schritte zurück.«

Simon zog sich Einmalhandschuhe an. Ich behielt die beiden Männer im Auge, während mein Kollege damit begann, das Fahrzeug nach weiteren Dokumenten zu durchsuchen. Im Uhrzeigersinn durchsuchte er jede Ritze, jede Ecke, jedes Fach.

Schon unter dem Beifahrersitz wurde er fündig. Hier holte er eine ID Karte in der Größe eines deutschen Personalausweises hervor. Es handelte sich um eine belgische ID Karte, die ebenfalls schnell als Fälschung identifiziert werden konnte. Das Passbild war oval verzehrt, die Druckqualität richtig schlecht und auf der Rückseite stand eine Adresse aus Hamburg. Gut zu wissen, dass sich Hamburg mittlerweile in Belgien befindet.

Simon hielt das Dokument hoch. »Wollen Sie dazu etwas sagen?«

»Ich habe das Fahrzeug erst vor ein paar Wochen geholt. Das ist nicht von mir. Ich habe diese Karte noch nie zuvor gesehen«, kam es vom Fahrzeughalter.

»Ok.«

Simon setzte die Durchsuchung fort. Doch es blieb es bei dem einzigen weiteren Fund. Auch ein Blick in oft gewählte Verstecke verlief ergebnislos. Als Nächstes wurde nacheinander bei den Fahrzeuginsassen eine Durchsuchung vorgenommen. Doch außer den üblichen Sachen, einem Smartphone und etwas Kleingeld konnte Simon auch hier nichts Weiteres feststellen. Dann sollte es das erst einmal gewesen sein. Beide Männer hatten einen festen Wohnsitz in Deutschland und waren also für eine spätere Kontaktaufnahme erreichbar.

Wir gaben ihnen ihre Dokumente wieder. »Das war es erstmal. Die Fälschungen nehmen wir natürlich mit. Alles Weitere regelt der Ermittlungsdienst.«

Wir verabschiedeten uns.

Zurück auf der Dienststelle schaute ich mir den Vorgang »Fahren ohne Fahrerlaubnis« an. Dem war zu entnehmen, dass der Zoll eine Kontrolle bei dem Fahrzeug durchgeführt hatte. In dem Fahrzeug waren zwei Personen angetroffen worden. Die Kollegen wurden dazu gerufen, weil der Fahrzeugführer nur einen afrikanischen Führerschein vorzeigen konnte. Interessant war, dass im Fahrzeug eine große Anzahl an nagelneuen Smartphones aufgefunden worden war sowie zwei Päckchen, die an eine andere als die im Fahrzeug befindlichen Personen adressiert waren.

Das war ein springender Punkt. Simon hatte den Verdacht geäußert, dass es sich hier eventuell um Schleuser handeln könnte, doch das ließ eher vermuten, dass mit den nichtexistierenden Identitäten technische Geräte gekauft wurden. Es stand also der Straftatbestand des Betrugs im Raum. Doch das nachzuweisen, war die Aufgabe des Ermittlungsdienstes.

Es war auf jeden Fall ein schöner Sachverhalt, den wir heute in die Hände bekommen hatten. Ein dickes Ding mit Ansage. Wir hatten heute alle gute Arbeit geleistet.

Etwa vier Wochen später erfuhr ich, dass der niederländische Reisepass tatsächlich genutzt worden war, um bestellte Mobiltelefone abzuholen. Dafür hatten die Beschuldigten jeweils angegeben, dass sie zum Zustellzeitpunkt nicht Zuhause wären und das Paket direkt aus der Filiale abholen würden.

Hier legten sie den Pass zur Identifikation vor und der Mitarbeiter schrieb die Nummer für sein Formular ab. Von einer Abholung war sogar eine Videoaufzeichnung sichergestellt worden, auf der deutlich zu erkennen war, wie der Beifahrer des Fahrzeugs ein bestelltes Paket abholte.

Fall gelöst.

Dennoch frage ich mich, wie man so eine schlechte Fälschung nicht bemerken kann. Da musste jemand seinen Job richtig schludrig gemacht haben. Ich hoffte, dass es wenigstens einen ordentlichen Einlauf vom Chef gab.

Mitternacht

Wir schrieben den 31. Dezember. Silvesternacht.
Zartere Gemüter sollten die Geschichte vielleicht überblättern,
ich will nicht für schlaflose Nächte verantwortlich sein.

Es war mein erster Silvesterdienst. Das erste Mal, dass ich den Jahreswechsel nicht mit meinen Freunden verbringen konnte. Ich war jetzt genau drei Monate mit dem Studium fertig. Der Plan war eigentlich gewesen, an Weihnachten zu arbeiten und Silvester freizumachen, leider hatte das nicht geklappt. Ein bisschen enttäuscht war ich schon, aber ich auch gespannt, wie Silvester im Dienst war. Im Dienstplan waren für die Silvesternacht noch vier Lücken gewesen und diese sollten durch Neulinge wie mich gefüllt werden. Also war es genau umgekehrt gewesen: Ich hatte Weihnachten frei gehabt und arbeitete heute.

Wir versuchten uns den Dienst so angenehm wie möglich zu gestalten, indem jeder ein paar köstliche Snacks für die Zeit zwischen den Einsätzen mitbrachte. Die erste Hälfte der Nacht verlief relativ ruhig. Die Menschen schienen auf Streitigkeiten zu verzichten. Kurz vor Mitternacht konnten wir uns sogar auf der Dienststelle versammeln, um gemeinsam ins neue Jahr reinzurutschen. Mit Wunderkerzen und alkoholfreiem Sekt läuteten wir das neue Jahr ein. Ein schöner Moment. Mir ist Silvester/Neujahr sehr wichtig. Es hat etwas Magisches: Ein Jahr geht zu Ende, zwölf Monate vorbei, etwas Neues beginnt und doch wiederholt sich das Ganze in zwölf Monaten wieder.

Es war kurz nach Mitternacht und wir beschlossen im Innenstadtbereich Präsenzstreife zu laufen. Hier wurden die meisten Feuerwerkskörper gezündet und hier spielte sich gerade das Leben der Stadt ab.

In dieser Stadt lief man selten Fußstreife, da der Innenstadtbereich relativ klein war. Doch es gab durchaus Städte, wo es absolut normal war, und Kollegen den ganzen Tag nichts Anderes machten. Es war ein tolles Gefühl, die Menschen dabei zu beobachten, wie sie sich in die Arme fielen und sich gegenseitig »Frohes Neues« wünschten. Auch uns wurde mehrfach ein frohes neues Jahr gewünscht, als wir an den Leuten vorbeiliefen. Selbst ein paar amtsbekannte Alkoholiker waren uns heute friedlich gesonnen und grüßten nett.

Über Funk wurden drei Kinder gemeldet, die ein paar Straßen weiter Feuerwerkskörper zündelten. Wir teilten uns auf und näherten uns als Zweierteams aus unterschiedlichen Richtungen. Der Kollege, mit dem ich heute Nacht ein Team bildete, und ich blieben auf der Hauptstraße. Das andere Team näherte sich über Nebenstraßen.

Wir entdeckten die drei Jungs relativ schnell. Doch sie bemerkten uns auch und rannten los. Über Funk informierten wir das andere Team über unsere Position, während wir ihnen hinterherrannten. An einer Kreuzung kamen die Kollegen bereits angelaufen, sodass eins der Kinder erschrocken stehenblieb. Die anderen Kids versuchten ihre Flucht fortzusetzen, doch drehten um, als sie feststellten, dass ihr Kumpel geschnappt worden war.

Benny, der zum anderen Streifenteam gehörte, startete wegen seiner Erfahrung mit Kindern das Gespräch mit den Lausbuben. Darüber war ich ganz froh, denn wie bereits bekannt hält sich meine Kinderliebe ja in Grenzen.

»Wie alt seid ihr denn?«, fragte er.

»14« kam es kleinlaut, von dem Jungen, der freiwillig stehen geblieben war.

»Und ihr anderen?«

»Auch.«

»Du, gib mir mal bitte den Rucksack.« Er zeigte auf einen der drei, der einen schwarzen Rucksack bei sich trug.

Der Junge händigte den Rucksack aus. Darin konnten wir ein paar Knallerbsen und noch etliche Chinaböller feststellen.

»Wie seid ihr denn da denn rangekommen? Ihr seid doch noch viel zu jung«, fragte Benny.

»Das verrate ich nicht«, gab der Junge an und schaute unschuldig. Auch die anderen beiden schwiegen.

Rotzbengel, dachte ich mir, sagte nichts und guckte nur finster.

»Okay. Das geht so nicht. Die Böller behalten wir und wir bringen euch jetzt zu euren Eltern zurück.« Dann wandte Benny sich an mich: »Wir übernehmen das hier, ihr könnt dann weiter.«

Damit waren wir raus aus dem Einsatz. Die Jungs erwartete eine Heimfahrt im Streifenwagen und ein klärendes Gespräch mit ihren Eltern. Zum Glück hatten wir Benny, sonst hätten wir das übernehmen müssen.

Wir liefen zurück Richtung Innenstadtbereich. Viele Menschen waren bereits in ihre Häuser zurückgekehrt. Das Feuerwerk war aus. Die Party würde entweder drinnen fortgeführt werden, die ältere Generation würde ins Bett gehen. Eine Fußstreife lohnte nicht mehr, sodass wir zurück zum Streifenwagen gingen. Würden wir mal schauen, was sich in den Wohngebieten so abspielte. Es war kurz vor eins. Die erste Stunde des neuen Jahres war so gut wie um.

»Hier HOLLE für Kräfte von Wache 27. Wir bekommen rein: Suizidankündigung. Person droht, von Brücke auf die Fahrbahn zu springen.«

Oha, krass. War das nur eine Meldung, in der jemand etwas überspitzt darstellte, oder wollte sich tatsächlich jemand suizidieren? Sowas wusste man bei so einer Meldung nie vorher

Ich hatte noch nie zuvor mit einem Menschen zu tun gehabt, der suizidale Absichten verfolgte oder den Suizid bereits vollendet hatte. Es war ein Thema, was mich schon immer fesselte, und wenn die Meldung einging, dass jemand verstorben oder die Todesursache ungeklärt war, war ich stets die Erste, die den Einsatz haben wollte. Manche Kollegen mochten Einsätze mit Verkehrsunfällen oder Einbrüchen. Ich mochte Feuer und Leichen. Das klingt vielleicht ein wenig seltsam, aber vermutlich habe ich früher einfach zu viele

Krimis geschaut. Ich finde es spannend, zu erfahren, wieso ein Mensch verstorben ist. Das ist in meinen Augen das krasseste, was man an Einsätzen haben kann. Möglicherweise bin ich auch emotional zu sehr abgestumpft. Es gibt aber etliche andere Kollegen, die genauso denken wie ich.

Aber es gibt auch Kollegen, die solche Einsätze meiden und froh sind, wenn es Kollegen wie mich gibt, die gerne übernehmen.

Ich weiß noch, mein erster Tag im Praktikum: Ein älterer Herr war mehrere Tage lang nicht gesehen worden und man machte sich Sorgen. So eine Meldung verhieß meistens nichts Gutes. Ich wollte gerne diesen Einsatz übernehmen. Doch mein damaliger Vorgesetzter sagte zu meiner Freundin, ebenfalls Praktikantin, dass sie und ihr Bärenführer hinfahren sollten. Ich vermute, dass war der Fluch, der mir auferlegt wurde. Natürlich war der Mann verstorben und meine Freundin hatte im weiteren Verlauf ihres Praktikums noch zwei weitere Todesfälle. Ich genau null. Auch in den vergangenen drei Monaten waren diese Einsätze alle an mir vorbeigegangen. Also war ich froh darüber, dass wir den Einsatz übernehmen konnten. Unser Standort war günstig. Wir waren in unmittelbarer Nähe der Brücke. Nebenbei bemerkt war mein heutiger Kollege Henning auch jemand, der solche Einsätze lieber meidet. Seine Begeisterung hielt sich in Grenzen. Wir bogen einmal nach links und einmal nach rechts ab und passierten die Brücke. Unter ihr verlief die Autobahn. Eine Person war nirgends zu sehen. Also gab es nur zwei Optionen: Entweder die Person lag schon auf der Fahrbahn oder es war falscher Alarm.

»Hier HOLLE für die eingesetzten Kräfte. Es wird eine Person auf der Fahrbahn gemeldet«, beantwortete die Leitstelle die Frage in diesem Moment.

Um zur Anschlussstelle und dann auf die Autobahn zu gelangen, mussten wir ein paar Straßen überqueren. Da sich neben der Anschlussstelle ein Standort des Deutschen Roten Kreuzes befand, war ein Krankenwagen sofort startklar. Der Fahrer des Rettungswagens gab uns ein Zeichen, dass er uns folgen würde. Die Position, an der die Person liegen sollte, war ein deutliches Stück hinter der Brücke in die andere Fahrtrichtung, also entgegengesetzt der Auffahrtsrichtung. Es blieb nur die Möglichkeit, auf die Autobahn aufzufahren und über die Mittelschutzplanke schnellstmöglich auf die andere Seite zu gelangen. Das sah anscheinend auch einer der Rettungssanitäter so. Er sprang aus seinem Rettungswagen in Windeseile auf die Rücksitzbank unseres Streifenwagens. Kaum war die Tür geschlossen, gab mein Kollege Gas und nahm die Autobahnauffahrt.

Die Brücke befand sich nur 100 Meter hinter der Anschlussstelle. Henning versuchte, den Verkehr hinter uns irgendwie herunterzubremsen, damit wir uns den Rücken ein wenig absichern konnten. Die kurze Strecke war nicht optimal, um den Verkehr zu verlangsamen. Aber in so einer Situation war nichts optimal und man musste spontan handeln. Zum Glück war der Verkehr heute Nacht sehr schwach auf dieser Autobahn. Durch die Mittelschutzplanke war die Sicht auf die gegenüberliegende Fahrbahn versperrt. Doch ich konnte erkennen, dass zwei Fahrzeuge mit eingeschalteten Warnblinklicht auf dem Seitenstreifen standen.

Kurz hinter der Brücke stoppte Henning den Streifenwagen. »Springt ihr schnell raus. Ich muss mir das nicht angucken. Ich drehe an der nächsten Ausfahrt und sperre dann ab.«

Ich zögerte nicht lange. Wir sprangen aus dem Fahrzeug heraus. Schnelles Handeln war gefragt. Dem Sanitäter fiel auf, dass er in der Eile gar kein Erste-Hilfe-Material mitgenommen hatte. Er beschloss, dass der Verbandskasten aus dem Kofferraum unseres Streifenwagens für die ersten Minuten reichen musste. Dann wäre sicher der Rettungswagen auch vor Ort.

Es war eine hektische und unübersichtliche Situation. Schließlich ging es ihr um Leben und Tod.

Mühsam kletterten wir über die Schutzplanke. Es war das erste Mal, dass ich über eine solche kletterte und ich hatte tatsächlich gedacht, sie wäre leichter zu überwinden. In diesem Moment wurde ich eines Besseren belehrt. Schutzplanken sind wesentlich höher, als man aus einem Auto heraus schätzt. Von wegen, mit einem Hechtsprung drüber, so wie es in Filmen dargestellt wird. Schließlich schafften wir es und gelangten auf die Gegenfahrbahn.

Hier kam gerade kein Fahrzeug, sodass wir sofort zu der Person, die in einigen Metern Entfernung am Boden lag, rennen konnten.

Ein Mann kam auf dem Seitenstreifen auf uns zu. »Da vorne steht ein Mann völlig unter Schock. Er ist über die Person gefahren. Ich versuche hier die ganze Zeit, den anderen Autofahrern Zeichen zu geben«, rief er mir zu. Jetzt bemerkte ich die Warnweste in seiner rechten Hand, mit der er herumwedelte. Als ich hörte, dass jemand über die Person rübergefahren war, musste ich schlucken. Damit hatte ich nicht gerechnet. Die Chancen, dass wir der Person noch helfen konnten, standen schlecht. Ein Kribbeln durchfuhr mich. Das war also der Moment, in dem ich vermutlich meinen ersten Toten sehen würde. Ich wusste, dass man psychologisch gesehen nie weiß, wie man auf so eine Situation reagiert und ob man überhaupt damit umgehen kann. Außerdem heißt es immer: einen Toten vergisst man nicht. Man erinnert sich an Namen und Details, denn es sind Bilder, die für immer im Kopf bleiben. Doch jeder Polizist kommt früher oder später in diese Situation und jeder muss einen Weg finden, damit umzugehen.

Doch ich dachte, ich sei bereit. Bereit für die Bilder, die ich womöglich niemals vergessen würde und bereit für ein solches Erlebnis. Diese ganzen Sachen gingen mir im Bruchteil einer einzigen Sekunde durch den Kopf. Der Sanitäter und ich ließen den Mann am Seitenrand stehen. Wir rannten weiter in Richtung der am Boden liegenden Person.

»Die Fahrbahn ist ab jetzt gesperrt«, meldeten sich Unterstützungskräfte über Funk.

Ich hatte nicht weiterverfolgt, wen HOLLE noch mit in den Einsatz eingebunden hatte, aber gut, wenn die Sperrung jetzt gegeben war.

»Okay, ich glaube, wir brauchen keinen Verbandskasten«, sagte der Sani zu mir, als wir noch wenige Meter von dem regungslosen Körper entfernt waren.

Er brachte es mit Humor rüber und ich ging darauf ein. »Ja, ich glaube auch.« Man sagt, dass manche Menschen in emotionalen Situationen mit Humor reagieren, um das Traurige von sich fernzuhalten. Ich fragte mich, ob das in diesem Moment der Fall war. Mir war es recht. Immerhin sollte man solche Einsätze nie zu sehr verinnerlichen. Trotzdem wollte ich mir die Person genauer anschauen und ging noch ein paar Meter näher heran.

Da lag er. Ein Mensch aus Fleisch und Blut. Regungslos. Das Leben war eindeutig aus ihm verschwunden und alles, was übrig war, war sein Körper.

In Filmen sah man öfter einen Leichnam, doch im echten Leben war noch einmal etwas Anderes. Der Mann, der er einmal gewesen war, sah noch recht gut aus. Seine Sachen waren nicht zerfetzt. Ihm fehlte lediglich ein Schuh, der wenige Meter entfernt stand. Er lag auf dem Rücken, die Gliedmaßen in alle Himmelsrichtungen ausgebreitet, als wolle er einen Schneeengel formen. Er wirkte gepflegt und trug ordentliche Alltagskleidung. Offene Brüche konnte ich nicht erkennen. Man hätte meinen können, dass er lediglich auf der Straße schlief. Doch sein Kopf war ein eindeutiger Beweis dafür, dass er mausetot war. Davon war nämlich nicht mehr viel übrig oder besser gesagt von der Hälfte. Eine Gesichtshälfte war vollständig erhalten und sah absolut unversehrt aus.

Die andere Gesichtshälfte aber fehlte teils, war teils entstellt. Da, wo einmal ein Augapfel in seiner Höhle gewesen war, war nur ein tiefer Krater zu erkennen. Die Oberlippe fehlte und man hatte einen freien Blick auf das Gebiss. Alles wirkte verformt und eingedrückt. Zwischen dem Fleisch sah man an einzelnen Stellen den hellen Schädelknochen hervorgucken. So stellte ich mir jemanden vor, der mittels Hammerschlägen umgebracht worden war.

Dafür, dass der Mann in die Tiefe gesprungen und zusätzlich überrollt worden war, wirkte es ziemlich unreal, dass der Körper bis auf das Gesicht so gut erhalten war. Man hätte meinen können, es handelte sich um ein Ausstellungsstück von »Körperwelten«.

Ich schätzte den Toten auf Ende dreißig, Anfang vierzig. Ich wurde aus meinem kurze Starrmoment gerissen, als eine Frau auf dem Seitenstreifen angerannt kam. Sie hatte ebenfalls eine Warnweste in der Hand und wollte zu dem Mann, der bereits mit einer Warnweste herumwedelte. Sie sah auf den leblosen Körper und fing an zu schreien. Ich rannte zu ihr hin und versuchte, ihr die Sicht auf die Person zu verdecken.

»Bitte schauen Sie da nicht hin, wenn Sie das belastet. Das sind Bilder, die vergessen Sie so schnell nicht«, hörte ich mich sagen. Sie hielt sich die Hand vor den Mund, um nicht weiter zu schreien und ging dann schnell auf den Mann zu.

Henning hatte mittlerweile den Streifenwagen gedreht und stand hinter uns auf der Fahrbahn zur Absicherung. Ich hörte ihn über Funk der Leitstelle mitteilen, dass die Person bereits ex, also verstorben war. Außerdem forderte er einen Seelsorger für die Anwesenden an und einen Rettungswagen für den Mann, der vermutlich über den Suizidenten gefahren war. In diesem Moment trafen Paul und ein weiterer Kollege ein. Er hatte heute Nachschicht auf der Autobahn und die beiden waren hier, um uns abzulösen, denn wir waren nur die Unterstützung für diesen Einsatz.

Ich schilderte Paul alles, was ich wusste. Viel war es nicht und getan worden war bisher auch nicht viel. Die Auffahrten wurden von anderen Kollegen abgesperrt und würden noch eine Weile gesperrt bleiben.

Wir konnten also verschwinden.

Henning schien darüber ganz froh. Zurück im Streifenwagen war er nicht sonderlich gesprächig.

»Ist alles okay?«, fragte ich deshalb.

»Mich beschäftigt so eine Sache immer. Ich bin da anders. Stell dir mal vor, du würdest eine Person überfahren. Mir tut dieser Mann so leid.«

»Wieso sollte ich mir so etwas vorstellen? So etwas ist total selten und damit rechnet man doch nicht«, antwortete ich. Aber ja, dieser Mann würde wahrscheinlich seinen Lebtag nicht mehr froh werden.

»Wieso müssen solche Leute auch immer andere mit reinziehen.«

»Das versteh ich leider auch nicht.«

Ich wusste, dass wir in dem Punkt sehr verschieden waren. Er war sehr emotional und wusste, dass er mit mir darüber nicht groß reden brauchte, weil ich mir einfach nicht so viele Gedanken machte.

Wir streiften die nächsten Stunden umher und jeder hing seinen Gedanken nach. Wobei meine sich eher darum drehten, dass mich die deprimierende Stimmung im Streifenwagen störte. Es war ein trauriger Einsatz, kein Thema, aber davon wollte ich mich nicht runterziehen lassen.

»29/23 für HOLLE«, wurde die Stille unterbrochen.

»Der 29/23 hört«

»Die Brücke, von der der Suizident gesprungen ist, wurde zwar abgesperrt, aber nun sollen sich da Schaulustige befinden. Könnt ihr da nochmal hingucken?«

»Klar, machen wir«, antwortete ich.

»Hier ist Wache 27«, klinkte sich unsere Wache ein, »die 29/22 müsste da auch noch zur Absperrung sein. Da könnt ihr euch gleich mal besprechen, wer die Todesnachricht überbringt.«

»Das haben wir so weit verstanden.«

Als wir an der Brücke ankamen, war von schaulustigen Personen weit und breit nichts zu sehen. Zwei Kolleginnen kamen uns entgegen.

»Wir haben nur dahinten noch Personen gesehen, als wir den Seitenweg an der Brücke hoch sind. Ich denke, die sind schon weg. An der Brüstung ist Erde, die könnte von einem Schuhabdruck sein. Aber sonst sind keine weiten Spuren erkennbar. Mit dem Autofahrer, der über ihn drübergefahren ist, haben wir auch gesprochen. Der steht völlig neben sich«, teilten sie uns mit.

Die Brücke würde noch eingehend von der TOG untersucht werden. Immerhin musste ausgeschlossen werden, dass nicht doch ein Tötungsdelikt vorlag.

»Wollt ihr die Todesnachricht überbringen? Der Junge kommt hier aus der Umgebung«, fragte eine der Kolleginnen.

»Junge?«, hakte ich nach.

»Ja, er ist gerade einmal neunzehn gewesen. Hat noch bei seinen Eltern gewohnt.«

»Ne ne macht ihr das mal. Ich habe da keine Lust drauf«, hörte ich Henning sagen, bevor ich mich überhaupt äußern konnte.

»Wie bitte, ist das dein Ernst? Ich hätte das gern gemacht«, widersprach ich.

»Nein, ich habe da keine Lust drauf. Du kannst das gerne machen, dann tauschen wir die Teams«, war seine Antwort.

Ich wusste, für ihn war das Thema durch. In diesem Moment fühlte ich mich ausgebremst und war absolut enttäuscht. Mein Kollege benahm sich schlimmer als ein Mädchen und dabei waren wir anderen die Frauen. Die waren sich schnell einig, wer sich der Sache annehmen würde. Die eine tickte nämlich ähnlich wie ich, was Feuer und Leichen anging.

Es gehörte dazu, ganz gleich, ob es unangenehm war. Wir hatten die Situation im Studium einige Male besprochen und geübt. Ich hätte die Erfahrung gerne gemacht, zumal ich finde, man kann sich besser in die Situation hineinversetzen, wenn man die Person gesehen hat. Aber nun gut, ich konnte es nicht ändern. Die Mädels machten sich auf den Weg zu den Eltern, um die schreckliche Nachricht zu überbringen. So wie wir das am Rande mitbekamen, verbrachten sie eine recht lange Zeit dort. Was verständlich war, man kann nicht einfach so eine Nachricht überbringen und dann wieder gehen. Es wird sowieso am schlimmsten für die Angehörigen, wenn wir wieder weg sind.

Als wir uns zu Dienstschluss wieder auf der Dienststelle trafen, berichteten sie uns ausführlich von ihrem Besuch.

Die Eltern lebten getrennt. Der Junge hatte bei seinem leiblichen Vater und mit dessen neuer Frau und seinen beiden Geschwistern zusammengelebt. Als sie an der Tür erschienen waren, hatte der Vater schon so eine Vorahnung. Seine Schwester brach bei Überbringung der Nachricht zusammen. Ansonsten hatte der Rest der Familie wohl sehr gefasst gewirkt.

Ich glaube, dass man wirklich spürt, was bevorsteht, wenn plötzlich zwei Polizeibeamte vor der Haustür auftauchen und kurz reden wollen.

Wie sich herausstellte, war der Junge kurz nach 00:00 Uhr noch zuhause gewesen, hat seinem Vater ein frohes Neues Jahr gewünscht und nach einer Zigarette gefragt. Die hatte er auch bekommen. Dann verabschiedete er sich wieder, ohne zu sagen, wo er hinwollte.

Es ist schrecklich, wenn man erfahren muss, dass ein geliebter Mensch sich das Leben genommen hat. Leider kommt sowas nicht selten vor. Als ob das normale Abtreten nicht schon hart genug wäre, gibt es immer wieder Menschen, die sich nicht mehr zu helfen wissen und alles aufgeben. Sie fühlen sich verloren und sehen ihr Leben als nicht mehr lebenswert an. Deswegen finde ich es megawichtig, dass man, wenn man Verhaltensveränderungen bei Personen im eigenen Umfeld feststellt, das Gespräch mit diesen Menschen sucht und ihnen Hilfe besorgt. Das ist nicht immer leicht, denn nicht jeder lässt seine Gefühle durchblicken, aber manche Menschen zeigen uns, dass sie Aufmerksamkeit und Hilfe wünschen. Denn eins steht fest: Hat die Person den Suizid vollzogen, kommt jede Hilfe zu spät.

An jenem Abend konnte man keine Ursache für den Selbstmord herausfinden. Ja, es stellte sich schlussendlich tatsächlich als Selbstmord heraus. Später ermittelte man, dass der Junge schon längere Zeit an Depressionen gelitten hatte und bereits in Behandlung gewesen war. Leider schien diese erfolglos geblieben zu sein. Viele Menschen leiden an Depressionen und nur wenige lassen sich helfen. Umso wichtiger ist eine Behandlung, wenn sie möglich ist.

Ich möchte jedem Einzelnen ans Herz legen, sein Umfeld künftig genauer zu beobachten und das eigene Verhalten zu reflektieren. Wie verhalte ich mich gegenüber meinen Mitmenschen? Wie verhalten sie sich? Lächelst du oder schaust du oft mürrisch?

Starte ein kleines Experiment: Geh durch die Straße und schenke jemanden ein Lächeln. Es ist egal, ob du die Person kennst oder nicht. Du wirst sehen, die Person wird vermutlich zurücklächeln. Mit einem Lächeln kann man Freude schenken, Menschen aufheitern.

Positiv zu leben und denken, ist wichtig für eine zufriedene Seele. Ein Lächeln und eine positive Ausstrahlung können auch positiv auf andere wirken.

Wieso widerfahren Menschen, denen es nicht so gut geht, immer wieder schlechte Dinge und wieso widerfährt einem zufriedenen Menschen immer wieder Gutes? Viele Menschen beschweren sich darüber und finden das unfair. Doch jeder hat es selbst in der Hand. Gute Menschen denken nicht daran, dass ihn etwas Schlechtes widerfahren könnte. Sie machen einfach und geben alles dafür, dass es klappt. Entscheidend ist der Blickwinkel, aus dem das Leben betrachtet wird.

Aus welchem Blickwinkel schaue ich, wenn ich an den Einsatz zurückdenke?

Tatsächlich erinnere ich mich auch heute noch gut daran, wie der Junge auf der Fahrbahn lag. Doch Details sind mittlerweile nicht mehr in meinen Erinnerungen vorhanden. Es wird immer der Junge bleiben, der von der Brücke sprang, überfahren wurde und mit einem Krater im Kopf liegenblieb.

Nach dieser Nachtschicht habe ich noch einige Zeit wach gelegen und mir vorgestellt, was gewesen wäre, wenn wir ihn noch oben auf der Brücke angetroffen hätten.

Ich musste feststellen, wie schnell eine solche Sache Besitz von einem ergreift. Auf einmal konnte ich an nichts anderes mehr denken. Doch ich wusste, dass mein Gehirn mir hier einen Streich spielen wollte und weil ich das wusste, konnte ich dem entgegenwirken. Ich versuchte, an etwas Schönes zu denken und schlief schließlich ein. Bereits im Laufe der nächsten Tage verblassten meine Erinnerungen. Eine Zeit lang dachte ich noch an jene Nacht, wenn ich unter der Autobahnbrücke hindurchfuhr. Außerdem setzte ich mich intensiv mit dem Gedanken auseinander, was wäre, wenn vor mir jemand von einer Brücke auf die Fahrbahn springen würde. Diesen Gedankengang hatte ich meinem Kollegen zu verdanken. Dann kam ich jedoch zu dem Schluss, dass ich mächtig sauer wäre, weil mein Auto dabei sicher nicht unbeschädigt bleiben würde. Andere in eine solche Geschichte hineinzuziehen, ging in meinen Augen gar nicht. Dabei musste ich auch an den armen Mann denken, der den Jungen überrollt hatte und nun vermutlich seinen Lebtag nicht mehr froh wurde. Es hat schließlich nicht jeder so eine Einstellung wie ich.

Ab geht die Wurzel

Sie zitterte am ganzen Körper. Die Aufregung musste sie voll im Griff haben. Sie war schon etwas älter.
»Wie halten Sie das nur aus?«, fragte sie mich.
Auf einmal hatte ich einen dicken Kloß im Hals und wusste nicht so recht, was ich antworten sollte. So eine Frage hatte mir noch nie jemand gestellt.

Ein lauer Sonntag neigte sich dem Ende und für mich startete ein regulärer Sonntagsnachtdienst. Ich war gerade auf der Dienststelle angekommen und in der Umkleide dabei, meine Uniform anzuziehen, als über die Gebäudedurchsage mitgeteilt wurde, dass Eile geboten war.

Ein Verkehrsunfall mit schwer verletzter Person war gemeldet worden. Leicht gehetzt sprang ich in meine Schuhe, warf mir meine Strickjacke über und rannte in den Nachbarraum, um meine persönliche Einsatztasche zu holen. Dann ging es flugs die Treppe herunter.

Simon kam schon angerannt: »Wir fahren, der Wagen ist noch aufgerüstet.«

Wir liefen zum Auto und sprangen hinein. Mit Sondersignal ballerten wir los. Die Örtlichkeit war Simon bekannt. Gemeldet worden war ein Pkw, der in der Ausfahrt von der Fahrbahn abgekommen und gegen einen Baum geprallt war. Eine Person sollte laut dem Meldenden im Fahrzeug eingeklemmt sein.

Mir schossen tausend Szenarien durch den Kopf, was uns wohl erwarten würde. Wie ging es der Person? Wie sah sie aus? Sowohl Fantasie als auch die Vorstellungskraft kannten gerade keine Grenzen.

Doch es war nicht weit, also war die Auflösung nicht fern.

Vor Ort erwartete uns ein Bild der Verwüstung. Ein paar Bäume auf einem Stück Grün. Ein großer Baum war umgeknickt. Ein Stück entwurzelt. Ein schwarzes Fahrzeug frontal in einen Baumstamm gekracht. Das waren die ersten Dinge, die ich registrierte.

Beim Näherkommen sahen wir eine Person eingeklemmt im Fahrzeug. Der Rettungswagen traf ein. Ein paar Ersthelfer waren vor Ort. Die Situation war unübersichtlich. So viele Eindrücke prasselten auf mich ein. Phase eins, die Chaosphase.

Ich atmete tief durch. Jetzt war es wichtig, Ruhe zu bewahren. Die Unfallaufnahme sollte immerhin ohne Fehler verlaufen, der Hergang musste erforscht und die anwesenden Zeugen befragt werden. Eins nach dem anderen.

Die Unfallörtlichkeit war relativ geschützt vor anderen Verkehrsteilnehmern, die uns von hinten hätten auffahren können. Während Simon dabei war, noch einige Warnbaken zur Absicherung aufzustellen, schloss ich mich den Rettungssanitätern an und rannte zur Person im Fahrzeug.

Die Person war männlich und schon etwas älter. Er hatte kurze weiße Haare und einen weißen Bart. Ich fand, er sah ein bisschen aus wie Santa Claus.

Es war auf den ersten Blick zu erkennen, der Mann war in seinem Fahrzeug eingeklemmt. Die Tür ging nicht auf. Die Fahrzeugfront war verbeult und absolut deformiert. Es schien so, als steckte er deswegen im Fahrersitz fest. Ein Rettungsassistent versuchte, den Mann in ein Gespräch zu verwickeln, um ihn von der Situation abzulenken, doch das erwies sich als schwierig. Der Mann war sehr verwirrt, zeitlich und örtlich nicht orientiert. Er konnte nicht mal Angaben zu seiner Person machen. Es deutete alles darauf hin, dass er durch den Aufprall eine schwere Kopfverletzung erlitten hatte. Ob er ebenfalls innere Verletzungen davongetragen hatte, musste schnellstmöglich im Krankenhaus geklärt werden. Doch dazu galt es, den Mann aus seinem Fahrzeug herauszuholen.

Ich entfernte mich ein Stück, um die Leitstelle anzufunken.

»HOLLE für die 29/26.«

»Hier HOLLE.«

»Die Person ist im Fahrzeug eingeklemmt. Wir benötigen vor Ort die Feuerwehr, um die Person aus dem Fahrzeug zu schneiden.«

Ein Rettungssanitäter kam auf mich zu: »Wir werden einen Rettungshubschrauber mit einem Notarzt benötigen. Die Person wirkt sehr instabil und sollte so schnell wie möglich ins Krankenhaus.«

Auch diese Information gab ich über Funk an die Leitstelle weiter.

»Ich schicke euch einen Rettungshubschrauber. Die Feuerwehr ist bereits auf dem Weg«, schallte es aus meinem Funkgerät.

»Das habe ich so weit verstanden.«

Bis dahin würden die Rettungssanitäter ihr Bestes geben, um dem Mann zu helfen.

Mein Funkspruch war noch keine zwei Minuten her, da hörte ich die rote Kavallerie auch schon anrauschen. Ich weiß nicht, ob euch jemals aufgefallen ist, dass die Feuerwehr nie leise und niemals mit nur einem Fahrzeug anrückt. Hier kommen sie immer mit mindestens drei Fahrzeugen, wie es woanders ist, weiß ich nicht. Ich glaube, ein Kollege hatte einmal nachgefragt und zur Antwort bekommen, dass alle Fahrzeuge unterschiedlich bestückt sind und nicht alle Männer auf ein Fahrzeug passen.

Auf jeden Fall musste ich öfter schmunzeln, wenn aus polizeilicher Sicht bei einem Einsatz ein Feuerwehrfahrzeug ausreichen würde, dann aber gleich eine ganze Kolonne anrückte. Doch wir kennen uns mit ihrer Arbeit nicht aus, sie würden schon wissen, was sie taten.

Innerhalb weniger Sekunden wimmelte es am Einsatzort nur so von Feuerwehrmännern mit diversen Geräten, die dabei helfen sollten, den Mann aus dem Auto zu schneiden.

Ich konnte mich nun also den Zeugen und vor Ort anwesenden Personen widmen.

Simon hatte bereits angefangen mit der Kamera Lichtbilder zu fertigen. Übersichtsaufnahmen und Verbindungsaufnahmen, bis die Feuerwehr eben eingetroffen war. Eine Menge Bilder von Einsatzkräften waren nicht so nützlich, man achtet beim Fotografieren immer darauf, dass möglichst keine Personen auf den Bildern zu sehen sind.

Nun schnappte sich Simon ein Messrad und Markierungsspray und fing an Messungen vorzunehmen.

Ich ging zu einer älteren Dame. Diese hatte mir schon am Anfang ein Zeichen gegeben, dass sie mit mir reden wollte. Ich hatte ihr aber zunächst zu verstehen gegeben, dass ich mich erstmal um die eingeklemmte Person kümmern musste und auf sie zukommen würde.

Die Dame wirkte ziemlich aufgelöst, denn sie zitterte am ganzen Körper.

»So, jetzt kann ich mich voll und ganz Ihnen widmen. Geht es Ihnen gut soweit?«, begann ich das Gespräch und lächelte, um ihr die Aufregung zu nehmen. Es tat mir leid, sie so zu sehen.

»Wie können Sie das nur? Wie halten Sie das aus? Diese Erlebnisse, dieser Anblick?«, fragte sie mich voller Emotionen und mit Tränen in den Augen.

Ein wenig peinlich berührt, wusste ich nicht so recht, was ich in diesem Moment antworten sollte. Hatte sie gerade meine Gedanken gelesen?

»Ehrlich gesagt, das ist mein erstes Mal«, versuchte ich es, »aber ich bin nicht sehr emotional veranlagt und lasse solche Sachen nicht so sehr an mich heran.«

»Das ist bewundernswert. Ich könnte das nicht«, sagte die Dame.

Ich versuchte zu lächeln.

Es war eine Situation, die sich mir bis heute eingebrannt hat, denn es war einer dieser Momente, in denen mir mal wieder bewusstwurde, dass dieser Beruf meine Leidenschaft war. Ich hatte mich gefreut über die Frage der älteren Dame, weil mir in dem Moment bewusstwurde, dass ich für solche Situationen die richtige bin.

Es fällt mir nicht schwer, mich in Menschen hineinzuversetzen, die Schmerz und Schrecken erlitten haben. Aber es fällt mir genauso wenig schwer, gefühlskalt gegenüber Menschen zu sein, die mir etwas Schlechtes wollen, oder durchs Feuer zu gehen, für Menschen, die mir wichtig sind. Ich fühle mich ein wenig wie ein Chamäleon.

In der aktuellen Situation war es wichtig, einfühlsam und mitfühlend gegenüber den Menschen zu sein, die aufgebaut werden mussten, und gleichzeitig durfte die Sache nicht zu persönlich werden. Es sind Kleinigkeiten, winzige Details, die über den Verlauf entscheiden. Es waren die außergewöhnlichen Sachen, die mich auf Trab hielten. Ich war schon immer ein Mensch, der Action suchte, Dinge machen wollte, die nicht jeder macht. Okay, heutzutage ist es nicht mehr so schwer wie früher, zur Polizei zu gehen. Aber nicht jeder Polizeibeamter ist ein guter, nur, weil er oder sie alle Prüfungen erfolgreich bestanden hat. Natürlich sind damit die Voraussetzungen erfüllt, aber Noten allein sind nicht alles. Das wissen wir alle.

»Was konnten Sie denn zum Unfallhergang beobachten?«, fragte ich die Dame.

»Mein Mann saß mit mir im Auto. Wir sind schon fast an der Anschlussstelle vorbei gewesen, als wir aus dem Augenwinkel sahen, wie ein Fahrzeug geradeaus einfach gegen den Baum fuhr. Wir waren beide so geschockt und hielten sofort an. Dann haben wir die 112 gewählt. Ich kann es noch immer nicht fassen. Ich bin noch ganz zittrig.«

Ich nahm die Aussage auf, versuchte noch einmal, sie zu beruhigen. Einen Arzt wollte sie nicht. Dann ging ich zu einer weiteren vermeintlichen Zeugin. Es handelte sich um eine junge Frau. Sie wirkte recht gefasst im Gegensatz zu der älteren Dame.

»Hallo, Sie sind auch Zeugin des Unfalls geworden?«, fragte ich sie.

»Ja, genau. Meine Tochter sitzt noch im Auto. Wir sind auf dem rechten Fahrstreifen gefahren. Vor mir fuhr noch ein weiteres Fahrzeug. Es war ein wenig schneller als ich unterwegs. Der Mann überholte uns von links mit deutlich überhöhter Geschwindigkeit. Als er wieder einscherte, streifte er fast das Fahrzeug vor mir. Dann steuerte er geradewegs auf die Baumgruppe zu und prallte gegen die Baumstämme, bis er letztendlich vor einem zum Stehen kam. Ich weiß nicht, ob er tatsächlich abbiegen wollte.«

Auch diese Aussage notierte ich mir. Fragen hatte ich erstmal keine.

Im nächsten Moment wurde es laut über uns. Der Rettungshubschrauber war im Anflug und drehte Kreise, um zur Landung anzusetzen. Ein weiterer Kollege hatte mittlerweile dafür gesorgt, dass die Straße für den Verkehr gesperrt war, sodass der Hubschrauber in Ruhe dort landen konnte.

Da war er wieder, dieser magische Moment, wenn der gelbe ADAC-Hubschrauber immer größer und größer wurde, bis er auf einmal vor uns landete. Ich erinnere mich daran, als ich als Kind zur Haustür heraustrat und auf der großen Kreuzung vor unserem Haus ein solcher Hubschrauber stand. Natürlich hatte ich damals schon Fotos gemacht und gewartet, bis er wieder startete.

Der heutige Pilot und ich, wir kannten uns schon, weil wir uns schon mal gemeinsam den Innenraum des Hubschraubers angeschaut und über seine Tätigkeit geplaudert hatten.

Nachdem der gelbe Engel gelandet war, rannte der Notarzt sofort zur eingeklemmten Person. Die Fahrzeugtür und das Fahrzeugdach waren von der Feuerwehr mittlerweile entfernt worden, sodass es dem Arzt möglich war, an die Person heranzukommen. Der nächste Schritt würde sein, ihn aus dem Fahrzeug zu holen, ohne dabei seine Gesundheit weiter zu gefährden.

Ich konnte erstmal nichts weiter tun, außer rumstehen und einen guten Eindruck vermitteln. Simon war immer noch mit den Messungen und deren Dokumentation beschäftigt. Ich war froh, dass er das machte, denn vor Skizzen drücke ich mich lieber. Es dauerte nicht allzu lange und der Notarzt diagnostizierte, dass der Mann nur leichte bis mittelschwere Verletzungen davongetragen hatte und ein Transport mittels Krankenwagen unproblematisch sei. Dann packte er seine Sachen zusammen, füllte noch ein Formular aus und stieg wieder in den Helikopter. So schnell wie der Vogel gekommen war, war er auch wieder verschwunden. Der Mann wurde auf einer Liege in den Krankenwagen verfrachtet. Ich ging hin, um ein paar Worte mit ihm zu wechseln, bevor er abtransportiert werden würde. Vielleicht konnte ich jetzt etwas von ihm erfahren.

»Hallo, können Sie mir sagen, wie Sie heißen?«, fragte ich ihn.

»Nein, das weiß ich nicht«, antworte er.

»Ok, wissen Sie noch, wohin Sie wollten? Können Sie sich an den Unfall erinnern?«

»Ich komme von meiner Schwester. Ich weiß nicht, wie ich hierhergekommen bin.«

»Wo wohnt denn Ihre Schwester?« Ich hoffte, noch ein paar Informationen entlocken zu können.

»Das weiß ich gerade nicht«, kam es jedoch zurück.

Okay, das machte wenig Sinn. Der Mann war nicht klar orientiert und konnte keine Angaben machen. Ein wenig enttäuscht und frustriert musste ich für den Moment gut sein lassen. Die Türen des Krankenwagens schlossen sich und mit Blaulicht machte er sich auf den Weg ins Krankenhaus.

So langsam kehrte Ruhe vor Ort ein. Die Feuerwehr packte ihre Sachen zusammen. Es waren immer weniger Menschen vor Ort. Jetzt konnten wir uns in Ruhe das Fahrzeug anschauen.

Über die Leitstelle hatte Simon einen Abschlepper angefordert. Bis dieser eintraf, würde es noch ein wenig dauern. Mit den Messungen war er so weit durch.

Das Fahrzeug war ein einziges Wrack. Nur der silberne »CLC 350« Schriftzug an der schwarzen Heckklappe und der Mercedes Stern wiesen noch daraufhin, um welches Modell es sich einmal gehandelt hatte. Dach und Tür fehlten. Die Frontschürze komplett zerstört. Die linke Fahrzeugseite war durch den Kontakt mit einem Baum komplett zerkratzt und eingedrückt worden. Den linken Außenspiegel konnten wir zwei Meter weiter im Gras finden. Am Fahrzeugheck fehlten einige Verkleidungsteile. Das war vermutlich auf das Überrollen einer Baumwurzel zurückzuführen, die sich hinter dem Fahrzeug befand und aus dem Boden gerissen war. Des Weiteren hatten einige Airbags im Fahrzeug ausgelöst und im Inneren des Pkws lagen alle Habseligkeiten des Fahrzeugführers durcheinander.

Ich fing an, die Fußräume des Fahrzeuges nach persönlichen Gegenständen abzusuchen, die Aufschluss über die Identität des Fahrers geben konnten. Immerhin wussten wir nicht, ob es sich beim Fahrzeugführer um den Fahrzeughalter handelte. Ich stieß auf ein Mobiltelefon, doch das war aus und das Display gesplittert. Auf der Beifahrerseite lagen so viele Gegenstände und Fahrzeugteile, die die Feuerwehr beim Schneiden dahin geschmissen hatte, dass ich den Beifahrersitz erst einmal freischaufeln musste, um an das Handschuhfach zu kommen. Da die Beifahrertür klemmte und das Handschuhfach auch, musste ich mich kopfüber ins Fahrzeug beugen und das Handschuhfach aufhebeln. Das stellte sich als gar nicht so leicht heraus. Im Fahrzeug fand ich einen Stapel an Papieren, die ich einzeln durchschaute und stieß auf ein kleines Heftchen. In diesem befand sich der Fahrzeugschein und ein alter Personalausweis. Somit wussten wir nun endlich um die Identität des Mannes.

»Ich habe Dokumente gefunden«, rief ich Simon zu.

Er kam zum Fahrzeug. »Was ist das denn?«, fragte er.

»Was denn?«

»Na das hier.« Er zeigte auf das Lenkrad.

Das war mir gar nicht aufgefallen. Mit einem Gummiband war eine Taschenlampe an dem Lenkrad befestigt worden.

»Sieht aus wie eine Lenkhilfe. Meinst du, das könnte mit unfallursächlich sein?«

Eine merkwürdige Konstruktion war das. Manche Menschen kommen auf seltsame Ideen.

»Keine Ahnung. Wir sollten es aber auf jeden Fall vermerken«, meinte Simon und schoss ein Foto.

Etwa zehn Minuten später traf der Abschlepper ein. Mit einem Kran wurde das Fahrzeug aufgeladen und abtransportiert. Um die Entsorgung der restlichen Teile und um die Bäume würde sich die Straßenmeisterei kümmern, sobald wir sie darüber in Kenntnis gesetzt hatten. Das Stückchen Grün zwischen den Anschlussstellen sah aus, als ob es umgepflügt worden war. Nicht nur die Baumwurzel war aus dem Boden, ein weiterer Baum war vollständig umgekippt, ein anderer angebrochen. Im Boden waren tiefe Kerben und Bremsspuren von den Reifen erkennbar. Dieser Unfall hatte seine Spuren hinterlassen.

Zum Schluss noch etwas zur Unfallursache. Genaueres herauszufinden, würde erst möglich sein, wenn der Mann sich wieder erinnern würde. Aufgrund der Spuren und der Zeugenaussagen war zu vermuten, dass er mit überhöhter Geschwindigkeit die anderen Verkehrsteilnehmer überholt hatte. Als er wieder auf den Hauptfahrstreifen einscherte, verlor er die Kontrolle über sein Fahrzeug und zog nach rechts. Dadurch gelangte er auf die Grünfläche und fuhr geradewegs auf die Bäume zu, weil er nicht mehr rechtzeitig reagieren konnte, um auszuweichen oder anzuhalten. Infolgedessen stieß er mit der linken Fahrzeugseite gegen einen Baum, überrollte eine größere Baumwurzel und stieß mit der rechten Fahrzeugseite gegen einen anderen Baum, der daraufhin abknickte. Letztendlich kam das Fahrzeug vor weiteren Bäumen zum Stehen.

Und zu unserem Verunfallten: Ihm geht's gut. Er wurde nach einer Woche aus dem Krankenhaus entlassen. Nach zwei Wochen stand ich vor seiner Tür, um ihn zum Unfall zu befragen und seinen Führerschein einzusehen. Bei diesem Wiedersehen wirkte er genauso zerstreut wie bei unserem ersten Treffen. Doch dieses Mal war er wenigstens zeitlich und örtlich orientiert. Außerdem konnte er mir seinen Namen nennen. An den Unfall hatte er keine Erinnerung und der Gesamteindruck veranlasste mich dazu, einen Bericht an die Führerscheinstelle zu schicken, mit der Bitte, seine Fahrtauglichkeit zu überprüfen. Danach machte ich meinen Vorgang fertig und hörte nie wieder etwas von ihm.

Auf ein Bier

Es war Montagmorgen, kurz nach halb 8, als das Telefon klingelte. Am anderen Ende der Leitung war der Regionalleiter einer Getränkefirma. Er hegte den Verdacht, dass bei ihm im Verlaufe der letzten Nacht einige Getränkekisten entwendet worden waren.

Mein Kollege und ich nahmen uns der Sache an. Etwa eine halbe Stunde später trafen wir am Einsatzort ein.

Das Firmengelände befand sich in einem Gewerbegebiet mit etlichen Firmenanwesen. Das gesamte Gelände der Getränkefirma war eingezäunt.

Bei unserem Eintreffen waren die Angestellten dabei, Kisten für die nächste Auslieferung zu verladen. Wir erkundigten uns nach dem Regionalleiter, doch sie hatten ihn heute noch nicht gesehen worden. Einer der Angestellten konnte uns immerhin den Weg zum Büro zeigen.

Während wir dem Mitarbeiter durch die Lagerhallen folgten, fiel mir auf, dass Getränkekisten beachtlich hochgestapelt werden. Bei einer Deckenhöhe von knapp zehn Metern reichten die Kisten fast bis ganz nach oben. Immer wieder passierten uns Angestellte mit beladenen Gabelstaplern. Hier herrschte reges Treiben.

Hinter der Lagerhalle lag ein kleiner Gebäudekomplex, in dem sich mehrere Büros befanden.

»Geradeaus und dann die zweite rechts«, sagte der Mitarbeiter und zeigte den Flur entlang.

Der Anweisung folgten wir. An der Tür stand auf einem kleinen Schild neben der Tür »Regionalleiter«. Die Tür war offen und der Mann, der an seinem Schreibtisch saß, sprang sofort auf, als er uns sah.

»Hallo, guten Morgen. Schön, dass Sie so schnell kommen konnten.«

»Guten Morgen«, gaben wir zurück und schenken ihm ein kurzes Lächeln. Es war immerhin unsere Pflicht, zu einem Einsatz zu fahren.

»Einer meiner Mitarbeiter hat heute Morgen festgestellt, dass einige Bierkisten entwendet worden sind. Ich würde vorschlagen, wir gehen mal zu ihm hin und sprechen mit ihm.«

Wir folgten dem Regionalleiter wieder durch die Lagerhalle. In dem Labyrinth aus Gängen und Bierkästen wusste der Mann genau, wo er lang musste.

»Claus, kommst du mal bitte?«, rief er einem jungen Mann zu, blonde Haare, etwa 1,80 m und sehr schmächtig.

Claus kam sofort und nickte uns freundlich zu.

»Du hast doch heute Morgen die fehlenden Kisten bemerkt. Magst du den Beamten eben alles schildern?«, forderte der Regionalleiter ihn auf.

»Klaro. Also wir haben draußen, wenn man durch das Tor geht, durch das Sie bestimmt das Gelände betreten haben, auf der linken Seite einige Bierkästen gelagert. Das sind die, die direkt morgens verladen werden sollen. Ich bin für das Verladen zuständig. Gegen 4:45 Uhr etwa bemerkte ich, dass insgesamt acht Kisten Bier fehlen mussten. Es werden immer gleich viele Kisten auf den Paletten gelagert und es waren auf zwei Paletten weniger Kisten als auf den anderen. Das kam mir sehr komisch vor. Außerdem habe ich dann noch folgendes bemerkt: Unser Gelände ist ja von einem Zaun umgeben. Darüber befindet sich noch Stacheldraht, damit man nicht einfach drüber klettern kann. Der Stacheldraht war an einer Stelle durchtrennt worden. Neben den Paletten mit Bier befindet sich eine weitere Palette mit Wasser und Softgetränken. Von da waren vier Kisten Wasser und zwei Kisten Softgetränke gestapelt. Die haben sie bestimmt als Treppe benutzt, um über den Zaun zu gelangen oder die Kisten haben nicht mehr ins Auto gepasst. Mein einer Kollegen, dem ich das vorhin erzählt habe, meinte, dass er ein Fahrzeug habe wegfahren sehen. Sie können gern auch mit ihm sprechen.«

»Ja, sehr gerne, aber erstmal nehmen wir Ihre Aussage auf«, sagte ich und machte mir Notizen zu seinen Angaben.

»Ich muss erstmal zurück ins Büro. Wenn Sie noch etwas brauchen oder wissen wollen, finden Sie mich dort«, verabschiedete sich der Regionalleiter erstmal.

Claus führte uns zu seinem Kollegen. Es ging in der Lagerhalle zwei Mal nach links, dann nach rechts und wieder nach links.

»Piotr«, rief er zu einem Mann herüber, welcher auch sofort zu uns kam. Piotr war osteuropäischer Herkunft und ein wenig älter als Claus, aber ebenso freundlich.

»Guten Morgen«, grüßte er uns.

»Guten Morgen.«

»Piotr, du hast mir doch vorhin von dem Fahrzeug erzählt, kannst du das auch noch mal der Polizei erzählen?«

»Ich habe heut Morgen ein schwarzes Fahrzeug bemerkt, was vor dem Gelände parkte. Es sah aus wie ein schwarzer Kombi oder Geländewagen. Was Großes auf jeden Fall. Ich lief auf das Fahrzeug zu und wollte fragen, wieso es vor unserem Tor steht. Doch als ich draufzukam, startete der Fahrer den Motor und fuhr los. Ich konnte leider keine Personen im Fahrzeug oder das Kennzeichen erkennen. Das Auto habe ich aber auf jeden Fall hier noch nie gesehen.«

Auch diese Aussage notierte ich mir.

»Können Sie noch Angaben zum Tatzeitraum machen?«, wollte mein Kollege von Claus und Piotr wissen.

»Also eigentlich können sie nur Samstagnacht oder letzte Nacht hier gewesen sein. Am Samstagmittag war bis halb 1 hier Betrieb. Und die Nachtschicht fängt sonntagabends ab 20:30 Uhr an zu arbeiten. Ab diesem Zeitpunkt ist auch das Tor für die Warenannahme geöffnet«, sprach Claus.

»Gibt es hier Videoüberwachung?«, fragte ich noch nach.

»Ja, aber es läuft nur eine Liveübertragung. Es gibt keine Aufzeichnungen«, gab Piotr an.

»Okay. Können Sie uns zur Tatörtlichkeit führen? Wir wollen uns einmal umschauen«, fragte mein Kollege.

Die Männer brachten uns daraufhin in Richtung Ausgang und zeigten uns die Paletten. Dann gingen sie zurück an ihre Arbeit.

Die Tatörtlichkeit lag in unmittelbarer Nähe zum Zufahrtstor. Auf dem Nachbargelände stand eine riesige Lagerhalle einer Firma für Baumaschinen. Ein Doppelstabmattenzaun trennte beide Grundstücke voneinander, wobei die Lagerhalle auf dem Nachbargrundstück nicht extra umzäunt war. Ein schmaler Zufahrtsweg verlief zwischen Lagerhalle und Zaun. An der Stelle, wo der Stacheldrahtzaun durchtrennt worden war, standen neben den Paletten die Kisten mit Mineralwasser und Softgetränken, wie Claus beschrieben hatte. Wir untersuchten sowohl Zaun als auch die Kisten nach Schuhabdrücken und weiteren Spuren, ergebnislos. Auf dem Nachbargelände konnten wir von außen keine Videokameras entdecken. Also blieb uns nur, ein paar Bilder für die Veranschaulichung zu machen.

Die Chance, diesen Einsatz aufzuklären, war relativ vorhersehbar. Wenn wir keine weiteren Ermittlungsansätze fanden, hatten wir keine Chance, die Täter zu finden. Nach unserer Hypothese fuhren die Täter mit ihrem Fahrzeug über den Zufahrtsweg zwischen dem Nachbargelände und dem Zaun an die Stelle heran, wo sie den Stacheldraht durchtrennten. Dort kletterten sie über den Zaun, bauten sich eine Steighilfe aus den Mineralwasserpaletten und hoben insgesamt acht Bierkisten über den Zaun in ein Fahrzeug. Es mussten mindestens zwei Personen gewesen sein. Eine, die die Kisten über den Zaun hob, und eine, die sie auf der anderen Seite entgegennahm. Schlussendlich entfernten sie sich so, wie sie gekommen waren, und fuhren in unbekannte Richtung davon.

Insgesamt entstand ein Sachschaden von 120,00 Euro, allein durch die Erlangung der Bierkästen. Weiterer Schaden entstand durch die Beschädigung des Stacheldrahtzauns.

Dieser Fall zeigt, wie nützlich Videoaufzeichnungen sein können. Am Ende konnten keinerlei Ermittlungsansätze gefunden werden, sodass das Verfahren eingestellt wurde. Mit einer Videoaufzeichnung wäre der Ausgang vielleicht ein anderer gewesen. Klar bieten Kameras keine hundertprozentige Garantie, aber mit einem Lichtbild oder Videobeweis lässt sich zumindest arbeiten. Die Firma äußerte nach dem Vorfall, dass sie über eine Umstrukturierung des Überwachungssystems nachdenke.

Man hört immer wieder von Menschen, die Polizei würde nichts tun, schludrig arbeiten, ihren Job nicht richtig machen, faul sein, sich nicht genug bemühen, und so weiter.

Ich glaube, dass viele davon ausgehen, dass wir über unbegrenzte Möglichkeiten verfügen. Doch das ist eben nicht der Fall. Wir müssen uns an Gesetze und vorgeschriebene Abläufe halten. Natürlich gibt es Beamte, die ihre Motivation nicht gerade gefrühstückt haben. Aber ich würde behaupten, solche Kollegen trifft man in jedem Beruf an.

Die Polizei ist stets bemüht, das Möglichste zu tun, um zu helfen oder einen Verbrecher ausfindig zu machen. Wenn aber nicht genug Beweise vorliegen, es keine Indizien gibt, wie sollen wir dann mit Nichts zum Erfolg kommen? Das ist schier unmöglich. Dann verlaufen auch unsere Ermittlungen in einer Sackgasse. Eine Ermittlung steht und fällt mit Personalbeweisen (dazu zählen Zeugenaussagen, Aussagen von Sachverständigen und Beschuldigten) und Sachbeweisen (dazu zählen Lichtbilder, Videoaufzeichnungen, Schriftstücke, Spuren).

Auf Messers Schneide

It's Corona time. Nein, leider nicht das Bier. Die Pandemiezeit ist leider auch an uns nicht spurlos vorbeigegangen. Unsere Schichten wurden komplett umgestellt. Zumindest für einen Monat. Damit soll verhindert werden, dass zu viele Kollegen auf einmal miteinander in Kontakt treten. Ich muss gestehen, dass die Corona-Hochphase, also die Zeit des Lockdowns, für mich sehr belastend war und das, obwohl ich zu dem Teil der noch normal arbeitenden Bevölkerung gehörte.

Es fuhren weniger Fahrzeuge auf den Straßen, weil die Grenzen geschlossen waren und die Menschen zuhause blieben. »Stay home«, wie es so schön hieß. Ein Slogan, den ich irgendwann nicht mehr lesen konnte. Alles andere schien auf einmal unwichtig geworden.

Als mehr und mehr Lockerungen auf uns zukamen, fühlte ich mich wieder besser mit der Situation. Nur das Tragen der Maske ging mir immer noch mächtig gegen den Strich.

Es war ein Nachtdienst, gegen kurz nach 23:00 Uhr. Wir hatten fast die Halbzeit unserer Schicht erreicht. Wie jeder zweite Einsatz begann auch dieser mit dem Klingeln des Telefons. Am Apparat war ein Angestellter einer Tankstelle direkt an der Autobahn. Der Angestellte teilte mit, dass im Verkaufsraum eine weibliche Person liege, die schwer verletzt sei. Informationen wieso, weshalb, warum hatte er nicht.

Für uns hieß das: unklarer Sachverhalt. Um schnellstmöglich Hilfe zu leisten und Aufklärung zu betreiben, war höchste Eile geboten.

Mein Partner für diese Nacht war wieder einmal Simon. Man konnte meinen, dass wir nur noch zusammen rausfuhren. Das war eine Zeit auch tatsächlich so. Wir schwangen uns in den Streifenwagen und mit Blaulicht und Martinshorn ging es Richtung Einsatzort. Auf dem Tankstellengelände stellten wir fest, dass bis auf einen älteren schwarzen Audi kein Fahrzeug weit und breit zu sehen war. In dem Fahrzeug konnten wir auf dem Beifahrersitz eine Person sehen. Ansonsten war alles ruhig.

Simon und ich begaben uns zielstrebig zum Eingang der Tankstelle. Im Eingangsbereich bemerkten wir auf dem Boden einige Blutstropfen. Durch die Glasscheibe der Tür war eine am Boden liegende Person, eine Frau, zu erkennen.

Wir traten durch die Eingangstür. Links erstreckte sich der Verkaufsbereich, der am Ende mit dem Kassenbereich abschloss. Ein Mann stand vor der Kasse und teilte uns mit, dass er angerufen hatte. Eine Frau lag im vorderen Verkaufsbereich zitternd am Boden. Ein Mann war über sie gebeugt und hielt ein Tuch auf ihren Kopf gedrückt. Die Frau lag wimmernd da und der Mann versuchte, beruhigend auf sie einzuwirken. Ich konnte nicht mal eine Verletzung ausmachen. Ein bisschen hilflos stand ich da und überlegte was, ich als erstes äußern sollte.

»Wurde schon ein Krankenwagen gerufen oder benötigen Sie einen?«, entschloss ich mich den Mann zu fragen, weil ich das nicht wusste.

»Natürlich brauchen wir einen Krankenwagen«, blaffte er mich an.

Okay, voll ins Fettnäpfchen. Das ging ja schon mal super los. Vermutlich war der Mann mit der Situation völlig überfordert und reagierte deshalb so gereizt. Ich hatte schließlich höflich gefragt.

»HOLLE für 29/22«, funkte ich die Leitstelle an, um einen Rettungswagen zu bestellen.

»HOLLE hört.«

»Wir bräuchten einmal einen Rettungswagen an den Einsatzort.«

»Ja, alles klar. Was für Verletzungen liegen denn vor?«, wollte die Leitstelle wissen.

»Welche für Verletzungen liegen denn vor?«, leitete ich die Frage an den Mann weiter, weil ich, wie bereits erwähnt, nicht genau erkennen konnte, wo das Blut herkam, was wir am Eingangsbereich entdeckt hatten.

»Na, eine Kopfplatzwunde, sehen Sie doch«, blaffte er mich wieder an.

»Ja, das sehe ich«, versuchte ich zu beschwichtigen, »aber wo denn genau?«

»Na, da an der Augenbraue.«

»Okay, alles klar.«

Also langsam hatte ich genug. Noch so eine Aussage und ich würde ihm mal paar Takte erzählen. Die Respektlosigkeit mancher Menschen ist der Wahnsinn.

Ich ging ein paar Schritte zur Seite, um HOLLE zu antworten.

»Es liegt hier vermutlich eine Kopfplatzwunde im Bereich der Schläfe vor. Die Person ist ansprechbar.«

»Gebe ich so weiter«, kam es von HOLLE zurück.

Simon, der die ganze Zeit ein paar Meter neben mir gestanden hatte, trat nun näher an die Frau heran.

»Können Sie mir sagen, was passiert ist?«, hörte ich ihn fragen.

»Ja«, stöhnte sie.

»Mein Freund wollte alkoholisiert fahren. Das wollte ich nicht zulassen. Dann haben wir uns gestritten. Ich habe ihm den Fahrzeugschlüssel weggenommen, den er sich natürlich nicht abnehmen lassen wollte. Dann hat er mich gegen den Kopf gehauen.«

»Wo befindet sich denn Ihr Freund jetzt?«

Der Mann, der immer noch über ihr beugte und das Tuch auf ihre Schläfe drückte, meldete sich wieder zu Wort: »Der sitzt im Auto draußen.«

Der schwarze Audi, der vor der Tür stand, mit dem waren sie also hergekommen. Mir war jedoch nicht klar, welche Rolle dieser rumblaffende Mann hier vor Ort spielte. Doch diese Frage zu klären hatte Zeit, bis die Frau medizinisch versorgt worden war.

»Ich geh mal raus, mit dem Freund sprechen«, teilte mir Simon mit und ging herüber zum Fahrzeug.

Ich blieb in der Tankstelle, begab mich aber in den Eingangsbereich, um sowohl die Verletzte als auch Simon im Auge zu haben, aber nicht mehr als nötig mit dem Mann reden zu müssen.

Ich sah, wie Simon der Person auf dem Beifahrersitz ein Zeichen gab, die Fahrzeugtür zu öffnen. Als das geschah, schepperte es und eine Bierdose rollte aus dem Fahrzeug. Der Mann bückte sich, um sie aufzuheben. Dabei konnte ich erkennen, dass im Fußraum noch weitere goldfarbene Dosen lagen. Bei jeder Bewegung waren weitere Klappergeräusche zu vernehmen. Man konnte vermuten, dass der Mann ordentlich getankt hatte.

Er stieg aus. Er trug eine Jogginghose und ein T-Shirt, das ihm viel zu eng war, sein Bierbauch passte kaum darunter. Auf seinem Kopf ein Basecap, dass er sich tief ins Gesicht gezogen hatte. Er wirkte recht jung, aber der Alkohol hatte bereits seine Spuren hinterlassen.

Ein weiterer Streifenwagen rollte heran. Unser Kollege Oskar, der noch auf der Dienstelle gewesen war, hatte sich entschlossen, uns wegen der nach wie vor unklarem Sachlage als Einbaum (so nennt man Kollegen, die allein im Streifenwagen rausfahren) zu unterstützen.

»Sind Sie der Freund der Frau in der Tankstelle?«, hörte ich Simon fragen.

»Ja wieso?«, war die Antwort des jungen Mannes.

Die Aussprache war deutlich. Er war wohl zwar alkoholisiert, aber nicht sturzbetrunken.

»Können Sie Angaben zum Geschehen machen?«

»Klaro. Wir sind rumgefahren und dann hatte das Auto kein Öl mehr. Wir haben erst an einer Tankstelle in der Stadt angehalten, doch da gab es nicht das Passende. Also sind wir hierhergefahren. Ich bin übrigens nur Beifahrer gewesen. Die da drin ist gefahren.«

Er zeigte dabei auf den Eingangsbereich. Er machte keinen Hehl aus seiner Verärgerung.

»Hier steht eine Körperverletzung im Raum. Die Frau liegt da drinnen mit einer Kopfverletzung und Sie zählen als Tatverdächtiger für diese Straftat«, setzte Simon ihn in Kenntnis.

»Ne ne ne. Ich habe hier gar nichts gemacht. Sie hat sich das selbst zugefügt. Sie hatte ein Messer dabei und damit hat sie sich gegen den

Kopf gehauen. Sie hat schon mal versucht, sich mit einem Messer selbst zu verletzen. Schauen Sie in Ihrem System nach. Die Frau ist doch bekannt. Das Messer müsste auch noch dahinten liegen.«
Er zeigte auf den hinteren Bereich der Tankstelle, wo laut Beschilderung der Toilettenbereich war.

Zumindest mit dem »bekannt sein« hatte er recht. Nach Prüfung der Personalien hatte Simon festgestellt, dass beide Personen amtsbekannt waren und regelmäßig durch Alkoholmissbrauch und Streitigkeiten auffielen. Ein typisches Paar aus dem Trinkermilieu eben. Erst zusammen trinken, sich dann in die Köpfe einschlagen und nach paar Tagen ist alles schick und das Ganze geht von vorne los.

Ich kannte das Pärchen nicht, aber ich war noch nicht so lange in diesem Bereich tätig wie Simon.

»Also wir sind hierhergefahren und dann haben wir uns gestritten. So war das«, sprach er weiter. »Dann habe ich ihr gesagt, dass sie mit meinem Auto nicht weiterfährt. Ich wollte, dass sie aus dem Auto steigt. Das hat sie auch gemacht, hat aber den Fahrzeugschlüssel mitgenommen. Ich bin ihr Richtung Klo gefolgt, um mir die Schlüssel wiederzuholen. Es ist immerhin mein Auto und darüber kann sie nicht bestimmen. Als wir am Toiletteneingang standen, habe ich sie aufgefordert, mir den Schlüssel wiederzugeben. Da hat sie ein Messer aus der Hosentasche gezogen. Es war so ein silbernes. Irgendwie hat sie nicht hinbekommen, es auszuklappen. Ich habe es ihr aus der Hand getreten und sie angebrüllt. Sie hatte aber noch ein weiteres Messer dabei, so ein dickes braunes. Das hat sie dann ebenfalls aus der Hosentasche gezogen und fing an, sich damit selbst gegen den Kopf zu hauen. Sie hat es nicht aufgeklappt, sondern mit dem Griff. Verstehen Sie? Dann hat sie angefangen mit Bluten, hat sich den Kopf gehalten und ist zurück zum Auto gerannt, wo noch ihr Betreuer saß.«

Oskar, der ebenfalls zugehört hatte, bat darum, uns die Stelle zu zeigen.

In diesem Moment fuhr der Rettungswagen vor. Zwei Männer

sprangen heraus und begaben sich zielstrebig zum Eingangsbereich der Tankstelle.

»Ist sie ansprechbar?«, fragte einer der Rettungssanitäter im Vorbeigehen. Ich nickte.

Dann folgte ich Oskar und Simon.

Wir ließen uns zur Tatörtlichkeit führen. Sie befand sich hinter dem Tankstellengebäude neben dem Toiletteneingang. Auf dem Boden fanden wir einige Dinge verstreut vor.

Die Taschenmesser fielen mir als erstes auf. Wie beschrieben ein silbernes und eins mit einem dicken braunen Knauf. Beide Messer waren eingeklappt. Drumherum lagen einige Münzen Kleingeld, pinkfarbene Kopfhörer, Kaugummis, Lipgloss und eine silberne Uhr, von der das Armband vom Gehäuse abgerissen war.

»Meine Rolex«, brüllte der Mann auf einmal. Das schien wohl seine zu sein, so wie er tobte.

»Die möchte ich wiederhaben. Das war ein Erbstück, meine 26.000-Euro-Uhr.«

»Beruhigen Sie sich bitte, die Uhr bekommen Sie wieder«, versuchte Oskar ihn zu beschwichtigen.

Ich schaute mich weiter um. Einige Meter entfernt lagen eine kaputte braune Sonnenbrille und eine umgekippte Dose Energydrink. Auf den Pflastersteinen konnte man außerdem einige Blutstropfen erkennen. Wir verfolgten die Blutspur und stellten fest, dass sie sich bis zum Eingangsbereich der Tankstelle erstreckte. Der Tatort war eindeutig bestimmbar.

Die Verletzte war mittlerweile im Rettungswagen, um verarztet zu werden. Laut Angaben der Rettungssanitäter waren die Verletzungen nicht ganz so schlimm, es handelte sich lediglich um eine Kopfplatzwunde. Sie wollten sie dennoch zur weiteren stationären Behandlung einem Krankenhaus zuführen.

Da Oskar der Kollege mit dem höchsten Dienstgrad vor Ort war, übernahm er die Führung und wies an, dass wir uns aufteilen sollten.

Ich ging wieder zu den Toiletten, um die Gegenstände sicherzustellen und die Tatmittel zu sichern. Vorher fertigte ich Lichtbilder.

Da dieser Bereich ein wenig abgelegen war, bekam ich von dem, was Oskar und Simon machten, nicht wirklich viel mit.

Leider ist nicht jede Aufgabe spannend, aber, wenn man angewiesen wird, etwas zu tun, dann wird das erledigt, ohne sich zu beschweren. Wer am Einsatzort führt, hat das Sagen. Man sollte sich stets vor Augen halten, dass jeder mit seinem kleinen Teil zur Sachverhaltsklärung und Strafverfolgung beiträgt.

Während ich also meine Aufmerksamkeit den auf dem Boden liegenden Gegenständen widmete, stieg Oskar in den Rettungswagen, um noch einmal mit der Frau zu sprechen. Von dem Inhalt des Gespräches erfuhr ich erst später.

Simon holte den Alkomaten aus dem Streifenwagen, damit wir endlich den Promillegehalt unseres vermeintlichen Tatverdächtigen ermitteln konnten. Wie ich danach erfuhr, pustete er einen stolzen Wert von 1,52 Promille.

Der junge Mann war über diesen Wert nicht überrascht. Er war höchstens überrascht, dass der Wert so niedrig ausfiel. Simon teilte ihm daraufhin mit, dass wir noch ins Krankenhaus fahren müssten, um eine Blutentnahme durchführen zu lassen. Damit war er einverstanden.

Bevor wir irgendwohin fahren würden, mussten wir aber erst einmal abklären, wie der Audi hier vor Ort wegkam.

Der Mann, der der Frau Erste Hilfe geleistet hatte, stellte sich als ihr Betreuer heraus. Er würde sie im Rettungswagen mit ins Krankenhaus begleiten und konnte das Fahrzeug also nicht führen. Das hatte Oskar bereits in Erfahrung gebracht, worüber ich sehr froh war.

Aber das Problem konnte schließlich doch schneller gelöst werden als gedacht.

Unser alkoholisierte Tatverdächtiger verständigte seinen Bruder, der zehn Minuten später mit seiner Freundin und drei weiteren männlichen Personen auftauchte. Während die Freundin des Bruders angab, dass sie ihr Fahrzeug auf dem Parkplatz stehen lassen würde, um den Audi vom Gelände zu fahren, genossen ihre Freunde ihr

Bier und krakelten ein wenig rum. Es war bereits nach Mitternacht, sodass wir sie zu Ruhe ermahnen mussten. Sie benahmen sich, als ob sie auf einer Party wären. Unglaublich. Da hatten wir sie wieder, die Respektlosigkeit.

Wir setzten die Truppe darüber in Kenntnis, dass wir für die Blutentnahme ins Krankenhaus fahren würden und danach alles geklärt wäre für heute Nacht. Dann machten wir uns auf den Weg. Während Simon bei Oskar mitfuhr, fuhr ich allein im Streifenwagen hinterher.

Im Krankenhaus hatte der Arzt gleich Zeit für uns, worüber wir uns alle freuten, da der Proband mit seinem Gequassel langsam echt anstrengend wurde. Er fing an, einen Schwank nach dem anderen aus seiner Jugend zu erzählen, was er gern geworden wäre, und dass er aber dennoch froh sei, die Nacht mit so netten Polizisten und einer so hübschen Polizistin verbringen zu dürfen. Meine Kollegen verdrehten die Augen und ich musste mir unter meinem Mundschutz ein Grinsen verkneifen. Mich wunderte, dass er einen solchen Spruch jetzt erst äußerte. Normalerweise kommt sowas bei Alkoholisierten immer schon viel eher. Ach, was Alkohol mit Menschen macht.

Als wir das Krankenhaus verließen, gaben wir der Nervensäge noch die Rolex zurück. Die letzten 15 Minuten hatten wir uns in Dauerschleife anhören können, wie wertvoll und bedeutungsvoll sie doch sei. Sie war für unseren Sachverhalt nicht relevant, deswegen bekam er sie zurück. Es war kurz nach 1:00 Uhr morgens, als wir wieder Richtung Dienststelle aufbrachen.

»Hat die Frau eigentlich noch etwas Interessantes zu dir gesagt, als du mit ihr gesprochen hast? Er sagt ja, dass sie sich die Verletzung selbst zugefügt habe«, fragte ich Oskar, als wir drinnen waren.

»Ja, sie hat erklärt, dass sie mit ihrem Freund und ihrem Betreuer an die Tankstelle gefahren war, um Öl zu wechseln. Hier sei es dann zum Streit gekommen, nachdem sie das Öl nachgefüllt hatte. Er wollte nicht mehr, dass sie weiterfährt, hatte sich dann wohl selbst hinter das Steuer gesetzt und wollte fahren. Das konnte sie verhindern, indem sie den Schlüssel zog. Sie ist zu den Sanitäranlagen gelaufen. Er ist ihr natürlich hinterher und wollte den Schlüssel wiederhaben.

Das hat sie nicht zugelassen, woraufhin er anfing, in ihre Taschen zu greifen, wo sich die zwei Taschenmesser befanden. Währenddessen hat er dann wohl immer wieder nach ihr getreten. Sie hat versucht, sich zu wehren und er hat ihr dann mit dem geschlossenen Messer, dass er aus ihrer Tasche holen konnte, auf den Kopf geschlagen.

Sie rannte zur Tankstelle, als sie bemerkte, dass sie blutete. Ist alles irgendwie noch ein bisschen durcheinander. Später hat sie dann auch nur noch von einer platonischen Freundschaft gesprochen.«

»Glaubst du denn, dass er es war? Oder eher, dass sie sich das selbst zugefügt hat?«

»Ich kann mir schon vorstellen, dass er das war. Mal schauen, was die Videos sagen.«

Da das Tankstellengelände videoüberwacht war, würden wir am nächsten Tag noch Videomaterial bekommen, das uns dann hoffentlich Aufschluss über den eindeutigen Tathergang geben würde.

Man hat zwar des Öfteren mit Personen aus dem Trinkermilieu zu tun, aber ich hatte bisher wenige solcher Einsätze. Ich weiß von Kollegen, die ihren Dienst in Großstädten versehen, dass sie sich tagtäglich damit herumschlagen müssen. Das stelle ich mir auf Dauer anstrengend vor, denn betrunkene Personen sind immer sehr redselig und vieles von dem Gesagten ergibt keinen Sinn.

Aber auch solche Einsätze gehören zum Polizeialltag.

Wie sich herausstellen sollte, war es anhand der Videoaufzeichnungen nicht möglich, eine eindeutige Klassifizierung der/des Beschuldigten vorzunehmen. Auf den Videos war lediglich ein Gerangel erkennbar. Die Verletzte verweigerte später im Rahmen weiterer Ermittlungen die Aussage. Dadurch wurde uns eine Strafverfolgung extrem erschwert. Das Menschen ihre Aussage zurückziehen oder sie schließlich komplett verweigern, ist leider keine Seltenheit. Meistens machen sie sich später noch einmal ausreichend Gedanken über das Geschehene, empfinden nüchtern alles ganz anders oder haben Angst vor Gewalt, aber auch Einsamkeit.

Ausgetrickst

Ein weiterer Dienst in der Corona-Zeit, der bereits um 6:00 Uhr morgens begonnen hatte. Bis jetzt war der Tag aber recht unspektakulär gewesen.

Ein paar Ordnungswidrigkeiten, die wir ahndeten, aber ansonsten nichts Ereignisreiches. Es war kurz vor 14:00 Uhr. Wir hatten also noch gute vier Stunden vor uns, als wir die Autobahn entlangfuhren und mir ein Fahrzeug auf dem Seitenstreifen auffiel.

Es handelte sich um einen silbernen Audi A4, ein älteres Modell. Mir war das Fahrzeug erst relativ spät aufgefallen, da ich irgendwie gedanklich schon im Feierabend gewesen war.

Mein Kollege auf dem Beifahrersitz, telefonierte, um mit einem anderen Kollegen etwas Wichtiges zu besprechen. Worum es ging, wusste ich nicht. Ich wusste nur, dass er sich um viele technische Sachen kümmerte. Unter anderem auch um unsere Messanlagen für Geschwindigkeit- und Abstandsmessung.

Bei uns auf der Dienstelle haben wir Kollegen, die ihre Dienste gerne mit solchen Messungen verbringen. Manche tun es, weil es ihnen Spaß macht, und andere, weil sie so den regulären Einsätzen aus dem Weg gehen können. Jeder wie er mag.

Auf jeden Fall sind diese kleinen tarnfarbenen Kameras am Fahrbahnrand recht fies, denn leicht zu erkennen sind sie nicht. Eigentlich soll man sich als Autofahrer an die Geschwindigkeitsbegrenzungen halten, aber wer kennt sie nicht? Die obligatorischen 10 km/h drüber.

Doch wesentlich heikler finde ich Abstandsmessungen von Brücken. Die kleinen Messgeräte bemerkt man erst, wenn es schon zu spät ist und es ist manchmal gar nicht so leicht den Abstand zu halten. Besonders dann nicht, wenn sich ein Autofahrer rücksichtslos reindrängelt. Mein Kollege sagt immer, dass die Leute, die denken, zu dicht aufgefahren zu sein, meistens noch genug Abstand gehalten haben.

Aber muss man erst in eine solche Situation geraten? Viele unterschätzen die Gefährlichkeit. Wenn ich bei jemanden mitfahre und derjenige fährt dem vorausfahrenden Fahrzeug zu dicht auf, fühle ich mich absolut unwohl und äußere das auch. Ich kann Drängler absolut nicht leiden. Würde jeder der Fahrzeugführer den Mindestabstand einhalten, gäbe es weitaus weniger Auffahrunfälle und damit verbunden wesentlich weniger Verletzte sowie Tote.

Während mein Kollege also telefonierte, schien er das Fahrzeug ebenfalls bemerkt zu haben, denn er zeigte nun mit einer Hand darauf.
Ich versuchte, den Streifenwagen sicher und schnell auf den Seitenstreifen zu lenken.
Vor dem Audi stand ein weiteres Fahrzeug, ein silberfarbener BMW. Das Warnblinklicht war eingeschaltet. Ein Mann war ausgestiegen und lief auf den Audi zu. Die Fahrer unterhielten sich, als ich mich ihnen näherte.
»Können wir Ihnen helfen?«, fragte ich höflich.
Der Mann war südländischer Herkunft und so, wie er mich mit seinen leichten Glubschaugen anschaute, sprach er wohl kein Deutsch.
»Alles ok. Alles ok.«
Ich beugte mich herunter, um durch das heruntergelassene Beifahrerfenster zu dem anderen Herrn hereinzuschauen. Er lächelte mich an.
»Bei Ihnen auch alles ok?«, fragte ich ihn.
»Rumänisch. Handy-Akku alle«, sagte er immer noch lächelnd. Er zeigte auf sein Handy und ein Ladekabel, dass er es anschließen wollte.
»Okay. Nicht hier halten. Parkplatz«, versuchte ich ihnen zu verstehen zu geben und zeigte mit der Hand in die Ferne.
»Ok, ok. Alles gut«, sagte der Mann mit den Glubschaugen. Er ging zu seinem Fahrzeug zurück. Ich schüttelte den Kopf und kehrte zum Streifenwagen zurück. Osteuropäer hielten irgendwie oft dort

an, wo es ihnen gerade passte. Manchmal kam es mir vor, als fehlte ihnen die Fähigkeit, eine gefährliche Situation zu erkennen.

Als die beiden Fahrzeuge losfuhren, setzten wir uns ebenfalls wieder in Bewegung. Audi und BMW ordneten sich schnell wieder in den Normalverkehr ein. Ich muss gestehen, dass dies wieder einer der Momente war, in den denen sich mein unbeschreibliches Bauchgefühl äußerte. Ich schnappte nach dem Handfunkgerät, um noch die Kennzeichen überprüfen.

»War bei denen alles ok?«, kam es von meinem Kollegen, der gerade sein Gespräch beendet hatte.

»Ja. Irgendwie war von dem einen der Akku im Handy alle und er hat sich von dem anderen ein Ladekabel geben lassen. Auf einen Parkplatz zu fahren, kam denen natürlich nicht in den Sinn. Dennoch habe ich ein komisches Gefühl. Magst du die Kennzeichen mal überprüfen?« Ich drückte ihm das Funkgerät in die Hand.

»Okay, wird gemacht.«

Er gab die Kennzeichen an die Abfragestelle durch. Es dauerte einen Moment, dann klickte es im Funk. Laut Recherche waren beide Kennzeichen unauffällig.

Mein Kollege bestätigte den Funkspruch. Ich hatte mit einem Ohr mitgehört und stutzte.

»Warte mal«, warf ich ein, »hat sie gerade gesagt, dass das zweite Kennzeichen auch an einem BMW hängt?«

»Ähm ja, wieso?«

»Das ist kein BMW, sondern ein silberner Audi.«

»Oh, ich hatte gar nicht mitbekommen, was das für Fahrzeuge sind. Hatte während des Telefonats nicht so drauf geachtet. Aber gut, dann passt da was nicht.«

Der besagte Audi befand sich schon einige Fahrzeuge vor uns. Ich versuchte mich irgendwie nach vorne zu arbeiten und aufzuschließen.

Da die Männer zusammengehörten, versuchten sie hintereinander zu fahren. Der BMW befand sich vor dem Audi, als ich den Streifenwagen vor beide Fahrzeuge lenkte. Ich schaltete ›BITTE FOLGEN‹ und hoffte darauf, dass beide Fahrzeuge an der nächsten Abfahrt folgen würden. Die nächste Abfahrt war ein Rastplatz, sodass sich eine Kontrolle dort anbot.

Doch leider sollte mein Wunsch ungehört bleiben. Nur der Fahrer des BMWs folgte der Aufforderung und wollte mit abfahren. Aber das war nun absolut nicht in meinem Sinn.

Ich schaltete das Anhaltesignal aus, beschleunigte den Streifenwagen und fuhr wieder auf die Autobahn auf. Der Audi war nur wenige hundert Meter voraus. Ich gab Gas und setzte mich davor. Ich schaltete erneut ›BITTE FOLGEN‹. So konnte er nur merken, dass er gemeint war. Im Rückspiegel konnte ich erkennen, dass der Führer des BMW sich dahinter gesetzt hatte und uns folgte.

Sehr gut. Ich atmete tief aus. Manchmal muss man sich ein wenig Gedanken machen, wie man am besten zum Ziel kommt. Gerade mit dem Anhaltesignal war das so eine Sache. Ganz oft setzt sich ein weiterer Verkehrsteilnehmer zwischen Streifenwagen und das von uns ausgewählte Fahrzeug. Dieser denkt dann, er wäre gemeint. Oder ein Verkehrsteilnehmer fährt neben uns her, sieht dann das ›BITTE FOLGEN‹ und denkt auf einmal, dass er gemeint wäre. Man erlebt, was das angeht auf jeden Fall ganz komische Sachen. Fraglich, was in den Köpfen dieser Menschen vor sich geht. Wir geben das Signal so eindeutig wie nur möglich.

Bis zur nächsten Abfahrt dauerte es ein wenig. Mit beiden Fahrzeugen im Schlepp erreichten wir sie jedoch ohne weitere Zwischenfälle. An der Ausfahrt war ein Pendlerparkplatz, auf dem wir unsere Kontrolle durchführen konnten.

Wir stellten den Funkstreifenwagen ab und begaben uns zu beiden Fahrzeugen. Die Fahrzeugführer waren ebenfalls ausgestiegen.

»Sprechen Sie Deutsch?«, fragte ich beide. Sie schüttelten mit dem Kopf.

»Rumänisch«, sprach einer der beiden mit starken Dialekt. Er war der kleinere von beiden. Es handelte sich um den Fahrzeugführer des Audis, der mir vorhin schon Handy und Ladekabel gezeigt hatte. Er versuchte immer noch zu grinsen.

»English?«, probierte ich es nochmal.

»Little English«, antwortete der andere Mann. Er war etwas größer und leicht untersetzt.

Immerhin etwas, schoss es mir durch den Kopf.

Eine Konversation in englischer Sprache war in unserem Beruf nicht selten und man konnte ganz gut damit arbeiten. Aber sobald keiner der vor Ort anwesenden Personen Deutsch oder Englisch sprechen konnte, wurde es schon schwierig.

Ich forderte beide Männer auf, mir ihre Pässe, Führerscheine und die Fahrzeugscheine auszuhändigen.

Der Kleinere händigte mir sofort Fahrzeugschein und seine Dokumente aus. Von dem anderen erhielt ich zunächst nur die persönlichen Dokumente.

Okay, dann den Rest später. Eins nach dem Anderen. In der Ruhe liegt die Kraft.

Beide Männer waren rumänischer Herkunft, wohnten aber laut eigenen Angaben seit geraumer Zeit in Deutschland.

Ich bat den Größeren in englischer Sprache darum, mein gesprochenes Wort ins Rumänische zu übersetzen, damit sein Kollege mich auch verstehen konnte. Ein Blick in den Fahrzeugschein sagte mir, dass es sich tatsächlich um den Fahrzeugschein für den Audi handelte. Ein Vergleich der Fahrzeugidentifikationsnummern bestätigte das. Ich zeigte auf das Kennzeichen.

»This plate is not a part of this vehicle. Why did you put it on this vehicle? That's not correct.«, erklärte ich.

Die Männer tauschten sich in Rumänisch aus, was wir natürlich nicht verstanden. Dann prallte uns ein Wortschwall aus Deutsch und Englisch entgegen.

»Sorry, we don't know. Nach Hause fahren. Entschuldigung. We bought the car, jetzt bringen nach Hause. Sorry.«

»Who is the owner of this vehicle?«, fragte ich.

»Mein«, sagte der Kleinere und zeigte auf sich.

»Ok. The plates are on the wrong vehicle. Why?«, fragte ich den Größeren.

»He is working for me. Beide Fahrzeuge geholt. Jetzt nach Hause. Big Sorry«, antwortete dieser.

Der Chef war also mit seinem Angestellten losgefahren. Dann hatten sie das Fahrzeug gekauft und die Kennzeichen angebracht, um damit zurückzufahren. Einfach gedacht, aber leider nicht erlaubt.

»No, that's not OK. That's a criminal offense«, versuchte ich zu erklären.

Es erfolgte wieder eine Übersetzung ins Rumänische.

»Nein nicht. Viel Arbeiten. Familie zuhause. Weit fahren. Bitte nicht«, kam es aus unserem doch eigentlich nur rumänisch sprechenden Mann heraus.

Wir zeigten uns unbeeindruckt.

»That's your problem. It's not okay«, versuchte es mein Kollege nochmal.

»Der zweite Fahrzeugschein?«, fragte ich den Größeren und hielt dabei den anderen hoch, damit er wusste, was ich meinte.

»Ah ja. Auto«, sagte er und zum BMW. Ich folgte ihm.

Er überreichte mir den Fahrzeugschein mit einem: »Sorry«.

Ohne das Sorry groß zu beachten, nahm ich den Fahrzeugschein entgegen. Er brauchte sich nicht entschuldigen, weil es an der aktuellen Situation nichts ändern würde. Ich ging um das Fahrzeug herum, um es in Augenschein zu nehmen. Die Reifen wirkten sehr groß, sodass ich mir zunächst nicht sicher war, ob sie in den Fahrzeugschein eingetragen worden waren. Doch eine kurze Überprüfung belehrte mich eines Besseren.

»Can you show me the FIN?«, fragte ich nach.

Der Mann öffnete die Motorhaube. Die FIN am Fahrzeug stimmte mit der im Fahrzeugschein überein. Ich drehte mich um und wollte gerade »Alles ok« sagen, als mein Blick auf das Kennzeichen fiel. Ich schaute nochmal auf den Fahrzeugschein, weil ich meinen Augen zunächst nicht trauen wollte. »Das gibt es doch nicht«, entfuhr es mir. »Das meinten Sie also mit ›Sorry‹."

»Ja, sorry. Ich wusste nicht.«

Ich ging zu meinem Streifenpartner zurück.

»Du glaubst es nicht. Bei dem anderen Fahrzeug ist genau dasselbe der Fall.«

»Echt, ja?« Auch er war erstaunt.

Der Größere, der Chef persönlich, hatte eins seiner Kennzeichen an ein anderes Fahrzeug angebracht. Doch da es sich um ein Kennzeichen handelte, das eigentlich an eine BMW gehörte und wir einen BMW vor uns hatten, war es bisher nicht aufgefallen.

»Es tut mir so leid. Ich nicht gewusst, dass ich andere Kennzeichen brauche«, äußerte er nochmal.

Doch wie heißt es so schön, Unwissenheit schützt vor Strafe nicht.

»Ich erkläre Ihnen jetzt, wie es weitergeht«, setzte mein Kollege an und versuchte langsam und deutlich auf Deutsch zu erklären. Es schienen ja beide ein bisschen zu verstehen. »Sie müssen beide Ihre Fahrzeuge hier stehen lassen. Weil beide Fahrzeuge laut ihren Zulassungsbescheinigungen bereits vor Monaten abgemeldet wurden, sind sie komplett ohne Zulassung und jegliche Versicherung. Das bedeutet, ohne Kurzzeitkennzeichen dürfen sie nicht mehr bewegt werden.«

Die Männer nickten. »Wir rufen jemanden an. Der uns abholen und dann fahren zu Zulassungsstelle. Da Kennzeichen besorgen und dann weiterfahren. Okay?«

»Das ist okay, ja. Dann nehmen wir die Fahrzeugschlüssel an uns. Die können Sie dann gegen Vorzeigen der Kennzeichen auf der Dienststelle abholen.«

Sie händigten uns die Schlüssel aus und wir händigten ihnen ein Formular als Nachweis aus.

Für uns war somit alles getan, was getan werden musste. Wir beschrieben noch, wo sie die Dienststelle finden würden, und klärten sie darüber auf, dass wir 24/7 besetzt waren, sodass sie jederzeit vorbeikommen konnten, um die Schlüssel abzuholen. Dann fuhren wir zurück Richtung Dienststelle. Drinnen berichteten wir Oskar, der heute den Wachdienst versah, von unserem Erlebnis der letzten Stunde. Ich war wirklich froh, dass mir das mit dem zweiten Kennzeichen auch noch aufgefallen war. Es wäre schon ziemlich peinlich gewesen.

Oskar lobte unseren Fang und teilte uns mit, dass die Zulassungsstelle am heutigen Tage bereits geschlossen hat. So konnten wir uns also darauf einstellen, dass wir die beiden vor dem nächsten Tag nicht wiedersehen würden.

So war es dann auch. Die beiden Männer erschienen am nächsten Tag mit einer weiteren Person auf der Dienststelle und zeigten die Überführungskennzeichen und die dazugehörigen Dokumente vor. Es war alles soweit in Ordnung. Wir händigten ihnen die Schlüssel aus und die Sache war damit erledigt. Den Rest würde die Staatsanwaltschaft klären.

Überwacht

Es stand nur ein Transporter auf dem Parkplatz. Das erleichterte uns die Suche. Wir warfen einen Blick hinein und konnten erstmal nichts Auffälliges erkennen. Ins Auge fiel die Unordnung, die im Innenraum herrschte. In der Mitte entdeckten wir ein paar leere Bierdosen. Ansonsten lag nur Müll herum. Wir beschlossen, den Fahrer aufzusuchen.

Mal wieder ein Nachtdienst mit Simon. Eine gewisse Zeit war es Standard, dass wir beiden zusammen im Nachtdienst rausfuhren. Das war lange lustig, aber irgendwann kam der Punkt, wo wir uns auf die Nerven gingen, und es Zeit für ein wenig Abwechslung wurde. Doch mittlerweile haben wir uns wieder eingekriegt.

Simon und ich könnten nicht gegensätzlicher sein. Einfach ausnahmslos alles, was er gut findet, ist so überhaupt nicht mein Ding. Und umgekehrt genauso. Wenn ich etwas super toll finde, verzieht er das Gesicht. Man könnte uns also in ein Haus stecken, in dem zwei Seiten komplett gegensätzlich gestaltet wären und jeder könnte sich mit einer Seite identifizieren. Voraussetzung natürlich, dass der Innenarchitekt zumindest von einem von uns die Vorlieben kennt.

Es war gegen 0:30 Uhr. Wir streiften gerade durchs Land. Die Straßen waren verlassen.

»29/22 für Wache 27«, klickte es im Funk.

»Hier die 29/22«, antwortete Simon, da ich am Steuer saß.

»Hier rief gerade der Chef einer Tiefbaufirma an. Er hat den Verdacht, dass einer seiner Mitarbeiter mit einem Firmenwagen unterwegs ist. Er habe aber aktuell keinen Führerschein. Er fährt wohl Richtung Tankstelle an der Bundesstraße. Der Chef vermutet, dass er Alkohol oder Zigaretten besorgen möchte. Er ist auf dem Weg dahin.«

»Ja, haben wir verstanden und fahren hin.«

Weil die Straßen frei waren, war es nicht nötig, Sonder- oder Wegerechte zu nutzen. Wir kamen auch so schnell genug vorwärts. Nachdem wir die Daten für die Einsatzörtlichkeit erhalten hatten, wussten wir auch, welche Tankstelle genau gemeint war. Wir brauchten genau vier Minuten bis zum Einsatzort.

Vor Ort wartete bereits der Chef auf uns. Es schien ein Mann zu sein, der in der heutigen Gesellschaft gut gestellt war. Etwa Anfang vierzig, ein wenig untersetzt, saß er da in seinem etwas schickerem Tracksuit hinterm Steuer seines AMGs. Böse Zungen hätte »Bonze« gesagt.

Als er uns kommen sah, stieg er aus.

»Guten Abend«, begrüßte er uns freundlich.

Simon kannte den Herrn aus vergangenen Einsätzen. Das war wieder ein Punkt, wo sich seine längere Dienstzeit auszahlte. Doch nach dem, was ich hörte, steckte die Nase des Mannes in so manchem Geschäft mit drin und nicht jeder Polizeieinsatz beruhte darauf, dass er bei uns anrief. Er war also kein Unbekannter.

»Guten Abend«, grüßten wir freundlich zurück.

»Es tut mir leid, dass ich Ihre Zeit in Anspruch nehmen muss, aber ich konnte nicht schlafen und habe in meine GPS-App geschaut. Hier sind alle Fahrzeuge, die im Besitz meiner Firma sind, registriert. Als ich also in diese App schaute, fiel mir auf, dass sich der Standort eines Fahrzeugs veränderte. Ich wusste, dass das Fahrzeug bei einem meiner Angestellten Zuhause steht, weil die Jungs im Urlaub sind, und ich gesagt habe, dass es da stehen bleiben kann. Der Angestellte, bei dem das Fahrzeug vor der Tür steht, müsste auch die Schlüssel zuhause haben. Zumindest gehe ich davon aus, dass die Jungs sie dagelassen haben. Auf jeden Fall darf dieser Angestellte aber kein Auto fahren. Vor ein paar Monaten hat er einen Unfall unter Alkohol gebaut und daraufhin wurde ihm die Fahrerlaubnis vorläufig entzogen.«

»Okay, und jetzt ist er hierhergefahren, sagen Sie?«, fragte Simon.

»Ja, er hat mich auch schon gesehen. Er sitzt in der Tankstelle und spielt an einem der Automaten. Vorhin kam er kurz raus und als er mich gesehen hat, ist er umgedreht und wieder rein, als ob er mich nicht bemerkt hätte. Ich möchte meine Fahrzeugschlüssel wieder. Er hat das Fahrzeug gegen meinen Willen bewegt und mir reicht es auch langsam mit ihm. Die Tage wird er eine fristlose Kündigung erhalten, worauf er sich verlassen kann.«

»Ja, gut, wenn Sie schon mal wissen, dass er da drinnen sitzt. Wo steht das Fahrzeug?«, erkundigte ich mich.

»Das Fahrzeug steht hinter der Tankstelle auf einem der Parkplätze.«

Wir begaben uns zum Parkplatz, um einen Blick auf und auch in das Fahrzeug zu werfen, soweit das möglich war.

Das Fahrzeug war leicht zu finden. So viele Transporter standen hier nicht.

Es handelte sich hier um einen grauen VW-Transporter. Über die Seiten war längs in großer Druckschrift das Logo der Firma angebracht. Ich warf einen Blick durch die Fensterscheiben ins Innere des Wagens.

»Ich habe einen zweiten Schlüssel.«

»Oh, noch besser. Das erleichtert uns die Arbeit.«

Aus seiner Tasche holte der Chef einen Fahrzeugschlüssel hervor und schloss die Fahrertür auf.

Im Fahrzeug roch es nach verbranntem Tabak. Das war das erste, was mir auffiel. Unmittelbar danach das Chaos, das hier herrschte. Überall lag Papier verteilt. Auf den Sitzen Tabakreste. Im Fußraum leere Zigarettenschachteln, Verpackungen von Snacks und sonstigen Sachen. Ich verstehe immer nicht, wie Menschen ihre Autos so zumüllen können. Ein Auto ist sowas wie eine fahrende Wohnung für den Moment. Wie kann man sich da wohlfühlen? Naja, manche interessiert das anscheinend nicht so wie mich.

Simon und ich schauten uns genauer um, ob es Hinweise auf den Konsum alkoholischer Getränke gab. Tatsächlich fand Simon im mittleren Bereich hinter der Handbremse, also zwischen Fahrer- und

Beifahrersitz, eine leere Flasche russisches Bier, ehemaliger Inhalt 0,5 Liter. Unter dem Fahrersitz konnte ich noch eine Dose Holsten Bier, ebenfalls 0,5 Liter finden. Im Fach in der Seitentür versteckten sich drei kleine leere Schnapsflaschen, ehemals mit Bitterlikör gefüllt.

Natürlich konnten wir erst einmal keine Aussage treffen, von wann die leeren Flaschen stammten, dennoch würden wir unabhängig von unserem Fund die Fahrtüchtigkeit des Fahrzeugführers überprüfen. Nun hatten wir nur einen Grund mehr dazu. Ansonsten war in dem Fahrzeug nichts zu finden, was von Bedeutung gewesen wäre oder überhaupt auf den Fahrer hindeutete. Es war an der Zeit, in die Tankstelle zu gehen und herauszufinden, wer mit dem Fahrzeug hergefahren war.

»Okay. Dann gehen wir jetzt rein und sprechen mit Ihrem Angestellten, falls wir ihn da drinnen antreffen. Sie warten bitte draußen. Wir kommen dann mit ihm raus«, sagte Simon zu dem Firmenchef, der uns die ganze Zeit beobachtet hatte und ungeduldig von einem Fuß auf den anderen trat.

»Ja, kein Problem. Mache ich«, sagte er, obwohl seine Körpersprache etwas Anderes ausdrückte.

Simon und ich begaben uns zurück zum Eingang der Tankstelle. Es war noch kein neuer Kunde zum Tanken gekommen. Es dürften sich also nur wenige Personen oder sogar nur unser Mann im Verkaufsraum aufhalten. Wir traten durch die Eingangstür. Der Verkaufsraum war bis auf zwei Personen tatsächlich leer. Bei diesen beiden Personen handelte es sich um den Tankstellenwart und einen Mann, der an einem Spielautomaten saß. Bei dem Mann musste es sich um die Person handeln, nach der wir suchten.

Der Mann war schätzungsweise um die vierzig, etwa 1,70m groß. Er trug eine hellblaue Jeans und einen weißen Pullover, der mit schwarzen und blauen Streifen versehen war. Der Kleidung würde später noch eine Bedeutung zukommen, wenn auf einem eventuell existierenden Überwachungsvideo ein Fahrer zu erkennen war.

»Guten Abend«, begrüßten Simon und ich den Mann. Dieser schaute kurz auf und widmete sich dann aber wieder seinem Spiel.

»Sind Sie Angestellter bei einer Firma für Tiefbau?«, fragte Simon ihn und nannte den Namen des Chefs.

»Ja«, kam die Antwort.

Der Mann schaute nicht von seinem Spiel auf.

Langsam merkte ich, wie Simon sauer wurde. Das war auch ziemlich respektloses Verhalten, sowas erlebte ich nicht so oft, aber hin und wieder kam es vor. Ich wusste von Kollegen, dass es in anderen Bereichen, Gang und Gäbe war, sich mit sowas auseinandersetzen zu müssen. Es ist traurig, dass die Gesellschaft immer mehr den Respekt vor der Polizei verliert. Es ist allerdings auch nicht verwunderlich, wenn man bedenkt, wie eingeschränkt wir manchmal in unserem Handeln sind und was wir dulden müssen. So oft müssen wir Entscheidungen von Staatsanwaltschaft oder Richter einfach so hinnehmen, weil diese nicht den Mut haben, richtig durchzugreifen. Aber das ist ein Problem, was sich sicher nicht so schnell ändern wird.

»Wenn die Polizei etwas von Ihnen möchte, dann haben Sie das Spiel zu unterbrechen und vernünftig mit uns zu reden«, machte Simon deutlich.

Widerwillig wendete der Mann sich vom Bildschirm ab und schaute uns trotzig an.

»Bist du mit dem Transporter hergefahren, der hinter der Tankstelle steht?«, fragte Simon. Ich persönlich finde nicht, dass man sein Gegenüber duzen sollte, eben auch des Respektes wegen. Aber Simon war der Meinung, dass er dadurch mit den Personen eine Bindung aufbauen konnte, und bisher hatte noch nie jemand etwas deswegen zu ihm gesagt.

Wir haben tatsächlich einmal versucht, das Thema zu diskutieren. Endete dann aber mit einem »Ja, dann mach doch« meinerseits. Wieder ein Punkt, in dem wir grundverschieden waren.

»Ne, bin ich nicht«, kam prompt die Antwort.

»Wie sind Sie denn hergekommen?«

»Ich habe mich von einem Taxi bringen lassen. Das ist dann wieder gefahren.«

»Okay, leeren Sie bitte einmal die Taschen aus.«

Widerwillig folgte der Mann den Anweisungen. Aus seinen Hosentaschen holte er Zigaretten, ein Handy, Feuerzeug, einen kleinen Schlüsselbund und einen großen Schlüsselbund. Und siehe da, an letzterem baumelte ein Fahrzeugschlüssel.

»Wie kommt denn der Fahrzeugschlüssel in Ihre Hosentasche?«, hörte ich Simon nun fragen.

»Den hatte ich noch einsteckt.«

»Okay, wir gehen mal eben raus. Ihr Chef hätte gern den Schlüssel wieder und dann sehen wir weiter.«

Während Simon noch kurz bei dem Mann wartete, ging ich herüber zu dem Tankstellenwart, um ihn zu befragen, ob er etwas mitbekommen hatte.

»Hallo, können Sie mir sagen, wann der Mann, der an dem Automaten saß, hier angekommen ist?«

»Der müsste so gegen 0:00 Uhr gekommen sein.«

»Okay. Ist er denn allein gekommen? Haben Sie gesehen, ob er mit einem Taxi gebracht wurde?«

»Also hier hereingekommen ist er allein. Er hat sich einen Kaffee bestellt und sich dann an den Spielautomaten gesetzt. Seitdem saß er da, also, bis Sie eben hereinkamen.«

»Also haben Sie nicht beobachten können, ob er mit einem Fahrzeug hier ankam?«

»Nein, leider nicht. Aber der vordere Tankstellenbereich ist videoüberwacht, falls Ihnen das weiterhilft. Ich kann die Aufzeichnungen speichern und dann können Sie morgen ab 8:00 Uhr eingesehen werden. Ich habe leider für das System keine Berechtigung.«

»Das wäre auf jeden Fall sehr gut. Die Kollegen von der Frühschicht würden dann morgen vorbeikommen und die Aufnahmen sichten.«

Ich verabschiedete mich und ging wieder zu Simon.

»Wir können«, sagte ich, damit er wusste, dass wir hier drinnen fertig waren.

Wie besprochen, hatte der Chef des mürrischen Manns draußen gewartet und war nicht hereingekommen. Das fand ich sehr löblich.

Denn es gibt Menschen, die sind in solchen Momenten leider nicht in der Lage, unseren Anweisungen Folge zu leisten, weil sie sich von ihren Emotionen lenken ließen.

Doch er hatte gewartet. Nun kam er sofort auf uns zu.

»Ich will meinen Schlüssel wieder! Sofort«, wetterte er gegen seinen Angestellten.

»Händigen Sie ihm bitte den Schlüssel aus«, sagte Simon.

Der Mann kramte in seinen Taschen und holte den Schlüssel hervor. Er überreichte ihn seinem Chef und guckte ihm dabei böse in die Augen.

»Danke, das wird Konsequenzen haben«, antwortete dieser nur.

Die Kündigung war wohl schon so gut wie geschrieben.

»Brauchen Sie noch was von mir? Sonst würde ich mich jetzt wieder auf den Weg machen. Ich bedanke mich auf jeden Fall für Ihr Kommen«, fragte er mich und ging in Richtung seines Autos.

»Kein Problem, dafür sind wir da. Wir sind soweit durch. Sie können gern los.«

»Okay, alles klar. Ich melde mich dann morgen nochmal bei Ihnen zwecks der GPS-Aufzeichnungen.«

»Ich gebe Ihnen meine Visitenkarte, dann können Sie sie mir per E-Mail schicken«, sagte ich und reichte ihm die Karte.

Dann verabschiedete mich mit einem »Tschüss« und machte kehrt in Simons Richtung. Den hörte ich gerade nachfragen, ob der Mann denn in den letzten Stunden alkoholische Getränke zu sich genommen hätte.

»Nein, habe ich nicht«, war die Antwort.

Doch wir zweifelten beide an der Glaubwürdigkeit dieser Aussage, weil von ihm ein strenger Geruch ausging, der unverwechselbar Alkohol zuzuordnen war.

»Stimmen Sie denn einem freiwilligen Atemalkoholtest zu?«, fragte ich nach.

»Nein«, kam es stumpf zurück.

Klare Aussage, doch wegen der Gesamtumstände kam er um eine Blutentnahme nicht herum. Gegen ihn würde ein Verfahren wegen

Trunkenheit im Straßenverkehr und Fahren ohne Fahrerlaubnis eröffnet werden. Eine Überprüfung im polizeilichen Auskunftssystem hatte bestätigt, dass dem Herrn aufgrund eines durch Trunkenheit im Straßenverkehr verursachten Verkehrsunfalls seine Fahrerlaubnis vorläufig entzogen worden war.

Es war kurz nach 2:00 Uhr, als wir im Krankenhaus ankamen. Unser bis dahin recht ruhiger, mürrischer Proband hatte mittlerweile angefangen unser Handeln zu hinterfragen. Er meckerte lautstark und wiederholte sich ständig in seinen Fragen. Das meiste davon undeutlich oder lallend. Doch weder uns noch den Arzt im Krankenhaus konnte er mit seinem Verhalten beeindrucken. Der diensthabende Arzt entnahm ihm, ohne auf sein Gerede einzugehen, das benötigte Blut und führte im Anschluss noch einen kleinen Check durch. Dabei stellte er fest, dass die Augen seines Patienten stark gerötet waren und dieser deutliche Gleichgewichtsprobleme aufwies. Beides waren Hinweise auf den Konsum einer großen Menge Alkohol. Doch den eindeutigen Wert würden wir mit dem Ergebnis in ein paar Wochen erfahren.

Als der Arzt mit seiner Behandlung durch war, entließen wir den Mann aus unseren Maßnahmen. Da das Krankenhaus sich nah an seiner Wohnanschrift befand, konnte er zu Fuß nach Hause gehen.

Wir fuhren zurück zur Dienststelle, damit ich den Vorgang schreiben konnte.

In meinem Emailpostfach wartete bereits eine Mail auf mich.

»Sehr geehrte Frau Bosch, anbei übersende ich Ihnen die Aufzeichnungen meiner GPS-App. Vielen Dank. Mit freundlichen Grüßen …« In der Anlage befanden sich mehrere Tabellen und eine Karte.

Anscheinend konnte er immer noch nicht schlafen.

Das Sichten der Tabellen dauerte seine Zeit. Hier war jede einzelne Minute aufgeführt und die jeweilige Straße, in der sich das Fahrzeug zu diesem Zeitpunkt befunden hatte. Die Fahrtwege waren auf der beigefügten Karte verzeichnet. Laut diesen Aufzeichnungen war unser

Beschuldigter kurz vor Mitternacht zu einer Spielothek gefahren, die er jedoch kurze Zeit später wieder verlassen hatte. Danach führte die Route zu einer Tankstelle, die aber anscheinend schon geschlossen gewesen sein musste, weil er sich hier nur eine Minute aufhielt. Aber vielleicht ließen sich von dieser Tankstelle ebenfalls Aufnahmen einer Überwachungskamera sichern. Danach fuhr er auf geradem Weg zu unser späteren Einsatzörtlichkeit.

Ich fertigte einen Bericht zu meiner Datenauswertung, um sie dem Vorgang beizufügen. Es war kurz nach 5:00 Uhr morgens, als ich mit meiner Arbeit fertig war. Der Frühschicht gab ich den Auftrag, bei der Tankstelle wegen der Videoaufzeichnung anzurufen, damit sie gesichert und eingesehen werden konnten.

Tatsächlich war es mir möglich, im nächsten Dienst der ersten Tankstelle einen Besuch abzustatten, um die Aufnahmen anzuschauen. Gemeinsam mit der Tankstellenwärterin, die den Zugriff hatte, sichteten wir die Aufzeichnungen. Der Zeitraum, in dem das Fahrzeug auf dem Kamerabild auftauchen musste, war schnell gefunden. Leider mussten wir feststellen, dass das Fahrzeug zwar an der Tankstelle angehalten hatte, aber in einem nicht von der Kamera erfassten Winkel. Somit war nur bewiesen, dass das Fahrzeug zu jenem Zeitpunkt da gewesen war, nicht aber, wer es geführt hatte.

Eine Sichtung der Aufnahmen unserer Einsatzörtlichkeit ergab ein ähnliches Ergebnis. Der Beschuldigte betrat die Tankstelle, ohne vorher durch einen videoüberwachten Bereich zu gehen.

Doch einen kleinen Erfolg konnten wir verbuchen. Die Kollegen der benachbarten Dienststelle hatten unseren Sachverhalt über Funk mitbekommen und meldeten, dass sie kurz vor Mitternacht zu einer Spielothek gerufen worden waren, weil ein betrunkener Gast die Örtlichkeit nicht verlassen wollte. Die Kollegen konnten die Person recht ausführlich beschreiben, sodass wir eindeutig sagen konnten, dass es sich um unseren Mann handelte.

Laut GPS-Daten, stimmte dieser Einsatz mit dem Ort überein, an dem sich das Fahrzeug zu jenem Zeitpunkt befunden haben sollte. Leider hatten die Kollegen den Mann nicht in das Fahrzeug steigen und losfahren sehen. Aber immerhin gab es einen Ansatzpunkt für den Ermittlungsdienst, um nach eventuellen Zeugen zu suchen. Wenn sich diese nicht finden ließen, war es am Ende eine Entscheidung eines Gerichts, ob die GPS-Daten des Fahrzeuges und die zeitliche sowie räumliche Nähe zum Fahrzeug für eine Verurteilung ausreichten. Natürlich würde auch noch das Ergebnis des Bluttests mit ins Urteil einfließen.

Eigentlich ist es nicht nötig, zu erwähnen, wie unverantwortlich es ist, unter dem Einfluss von Alkohol, Drogen oder Medikamenten ein Fahrzeug zu führen. Doch ich möchte es trotzdem kurz ansprechen.

Mit Fahrzeug meine ich jedes Gefährt, das Räder hat, also auch ein Fahrrad. Viele Menschen unterschätzen, welcher Gefahr sie sich aussetzen, und welche Gefahr sie in dem Moment auch für andere darstellen. Es gäbe deutlich weniger Verkehrsunfälle und somit weniger Verletzte und weniger Sachschaden, wenn manche Menschen mehr an ihre Vernunft appellieren würden. Es ist nie zu spät, schlechte Gewohnheiten abzulegen.

Ich hoffe, dass jeder, der das hier liest, sich ein paar Minuten Gedanken über das Thema macht.

Bist du schon einmal nach ein paar Bier, Shots oder Gläschen Sekt gefahren, obwohl es grenzwertig war? Hast du schon einmal einen Joint geraucht und dachtest dir: »Ach, nach Hause komme ich noch.« Nimmst du Medikamente und fährst Auto, obwohl sie vielleicht deine Fahrtüchtigkeit beeinträchtigen, ohne dass du davon weißt?

Grundsätzlich solltest du alle Fragen mit nein beantworten können. Wenn nicht, dann bedenke ernsthaft die möglichen Folgen deines Verhaltens. Niemand ist unsterblich und manchmal entscheidet der Bruchteil einer Sekunde über dein weiteres Leben oder das eines Anderen. Jeder kennt die Bilder an den Autobahnen, wo Kreuze, Menschen im Rollstuhl oder Hinterbliebene mit einem emotionalen Satz dargestellt werden. Ich kann euch sagen, das sind nicht nur Bilder zur Abschreckung. Das ist die Realität.

Freaky Friday

Ein Spätdienst an einem Freitagnachmittag kann mit Überraschungen verbunden sein. Doch sowas hatte es schon lange nicht mehr gegeben. Während zur Coronahochphase die Straßen wie leergefegt waren, nahm der Verkehr zwar langsam wieder zu, aber dennoch blieben spannende Einsätze aus. Zumindest Einsätze, die interessant genug gewesen wären, um darüber zu berichten.

Für diesen Nachmittag war Oskar als mein Streifenpartner eingeteilt. Unser Revier heute: die Autobahn. Es war ein sonniger Tag, ich hatte ausgeschlafen und war topfit. Mich störte lediglich, dass wir 24 Grad hatten und ich Uniform tragen musste. Ich hoffte inständig, nicht allzu lange in der Sonne stehen zu müssen, da man in dem dunklen Stoff schon vom Nichtstun anfing zu schwitzen. Aber das war Meckern auf hohem Niveau.

Nachdem wir unsere E-Mails gelesen und Oskar seinen Kaffee getrunken hatte, meldete sich ein Lkw-Fahrer telefonisch auf der Wache. Ihm war durch den Frühdienst die Weiterfahrt untersagt worden, weil er seinen 3,5 t LKW deutlich überladen hatte. Nun hatte er abgeladen und wollte nach unserer Prüfung gern weiterfahren. Es war keine Seltenheit, dass gerade osteuropäische LKW-Fahrer ihre Fahrzeuge viel zu schwer beluden. Wir stiegen in den Streifenwagen und machten uns auf den Weg zu dem Parkplatz, wo der Fahrer auf uns wartete. Dieser befand sich knapp 30km südlich unserer Dienststelle an der Autobahn.

Ich musste auf dem Beifahrersitz Platz nehmen, weil Oskar von sich selbst behauptete, dass er ein schlechter Beifahrer sei und aus diesem Grund fast immer fuhr. Daran ließ sich nicht rütteln.

Auch wenn 30-Kilometer-Entfernung weit klingen, wer viel auf der Autobahn unterwegs ist, weiß, dass diese in 10–15 Minuten gefahren sind, je nachdem, welches Tempo man wählt. Da wir nicht im Stress waren, fuhren wir in gemäßigtem Tempo und erreichten unser Ziel trotzdem schnell. Der polnische Fahrer erwartete uns bereits und zeigte uns seine Ladefläche, die nun noch halb beladen war. Den Dokumenten war zu entnehmen, dass er mit einer vollen Ladefläche kontrolliert worden war. Also war für uns zu erkennen, dass er abgeladen hatte. Wir warnten ihn davor, den gleichen Fehler in der Zukunft nochmal zu begehen. Aber wir wussten, dass es weder das erste noch das letzte Mal gewesen war. Meistens sehen die Firmen nur, was transportiert werden muss, und versuchen durch die Überladung Weg und Zeit zu sparen. Dadurch entstehen dann unter anderem folgende Probleme: Die zulässige Gesamtmasse des Fahrzeuges oder Anhängers wird überschritten, die Anhängelast wird überschritten oder das Fahrzeug ist zu lang, zu hoch, zu breit. Uns fallen solche Überschreitungen oft sofort ins Auge. Das ist der Moment, wo der Sparplan der Firma scheitert. Leider wird es immer wieder probiert und man kann vermutlich nur konsequent dagegen vorgehen.

Doch zurück zu unserem polnischen Fahrer. Er durfte mit der aktuellen Ladungsmenge seine Fahrt fortsetzen und wir machten uns auf den Weg in Richtung Norden. Hier im südlichen Teil unseres Zuständigkeitsbereichs waren wir ziemlich ab vom Schuss.

Wir hatten knapp 20 Kilometer hinter uns, als die Leitstelle funkte:
»Hier HOLLE an Wache 27 und im Dienst befindliche Kräfte«, womit jeder Streifenwagen unserer Dienststelle angesprochen war. Diese Funksprüche kamen selten vor. Meistens wenn etwas Schlimmes bevorstand oder bereits eingetreten war.

»Die 29/21 hört«

»Die 29/22 hört ebenfalls.«

»Ich bekomme einen Verkehrsunfall mit zwei schwer verletzten Personen gemeldet. Fahrbahn ist versperrt und ein Fahrzeug hat sich wohl überschlagen. Genauere Infos haben wir noch nicht.«

»Die 29/21 hat das verstanden und fährt an.«

»Die 29/22 ebenfalls.«

»Hier ist die 24/71, wir befinden uns gerade in der Nähe und können ebenfalls anfahren«, meldete sich eine Funkstreifenwagenbesatzung unserer Nachbardienststelle.

»Ja, HOLLE hat das verstanden.«

Mit eingeschaltetem Blaulicht und Martinshorn holten wir alles aus unserer V6 Maschine heraus. Zum Glück hatten wir heute den besten Wagen. Die anderen würden vermutlich trotzdem früher eintreffen, weil wir uns am anderen Ende der Einsatzörtlichkeit befanden.

Als wir uns dem Verkehrsunfall näherten, hatte sich bereits ein kilometerlanger Stau gebildet und wir mussten uns durch die Rettungsgasse nach vorne kämpfen. Natürlich bekam so mancher Verkehrsteilnehmer nicht mit, dass hinter ihm ein Streifenwagen mit eingeschaltetem Martinshorn nicht vorbeikam, wenn er mittig auf der Fahrbahn stand. Das Thema Rettungsgasse bilden, ist ein leidiges Thema und Gott sei Dank wird Fehlverhalten dahingehend mittlerweile strenger bestraft.

Oskar drückte sein Unverständnis durch Hupen aus. Das Hupen machte mich allerdings innerlich wahnsinnig, weil es Hektik verbreitete, und ich überhaupt kein Freund von Hektik bin. In diesem Moment bekam ICH das Gefühl, dass ich zum schlechten Beifahrer wurde. Natürlich erreichten wir die Unfallstelle als letzte, so wie ich erwartet hatte.

Die Unfallörtlichkeit befand sich etwa 1000 Meter vor einer Ausfahrt. Es schienen beide Fahrbahnen betroffen zu sein, weil ein Pkw quer über beide Fahrbahnen auf dem Dach lag. Die Kollegen von der 29/22 hatten die Unfallstelle bereits mit Absperrmaterial abgesichert.

Wir stellten unser Fahrzeug zusätzlich mit eingeschaltetem Blaulicht und Warnblinklicht auf. Je mehr Blinklichter, desto sicherer hieß es schließlich. Keine Absicherung war sicher genug. Immer wieder kam es vor, dass Verkehrsteilnehmer Warnbarken, Fahrzeuge mit eingeschalteten Blaulicht oder neon-orangene Absperrfahrzeuge übersahen und touchierten.

Hier wimmelte es nur so vor Kollegen, hatte ich das Gefühl, und wusste im ersten Moment gar nicht so recht, wo ich am besten unterstützen konnte.

Oskar entschied, noch ein paar Warnbaken nach hinten aufzustellen, weil es so aussah, als ob einige Verkehrsteilnehmer damit überfordert waren, dass sich die zweispurige Autobahn zu einer Fahrspur verengte, die dann auch noch über den Standstreifen verlief. Natürlich gab es jede Menge Gaffer, die so langsam wie möglich vorbeifuhren, um einen Blick erhaschen zu können. Die Folge war noch mehr Stau, weil sich alles verlangsamte.

In einiger Ferne hörte ich das Geräusch des Rettungshubschraubers, das lauter wurde. Ich beschloss, mich zu Tino und seiner Streifenpartnerin zu begeben. Die beiden waren als erstes am Unfallort eingetroffen und sprachen als aufnehmende Beamte bereits mit einigen Personen.

Durch die vor uns parkenden Streifenwagen war mir zunächst die freie Sicht auf das verunfallte Fahrzeug verwehrt geblieben. Doch nun konnte ich erkennen, dass es sich um einen weißen Fiat Punto handelte. Ringsherum waren etliche Dellen zu erkennen. Das Glas war aus der Heckscheibe herausgesprungen. Beide Fahrzeugtüren waren weit geöffnet.

Hinter dem Fahrzeug konnte ich drei Personen erkennen, die sich über eine am Boden liegende Frau beugten und ihr zusprachen. Ich hörte, wie sie sagten, dass sie bei ihnen bleiben solle. Eine weitere Frau, die als Ersthelferin bei der Verletzten zugange war, drehte sich um und schrie: »Was dauert das denn so lange? Sie klappt uns weg. Wir brauchen einen Arzt.«

»Der Helikopter ist gleich da, bitte beruhigen Sie sich«, sprach ich zu ihr, weil ich gerade diejenige war, die am nächsten dran stand. Es war gut, dass sich so viele Leute um die Frau kümmerten, bis Rettungshubschrauber und Rettungswagen eintrafen. Mehr als Erste Hilfe hätten wir in diesem Moment auch nicht leisten können. Nun hieß es warten, so schlimm es auch war.

Ich fragte mich, wo die zweite schwer verletzte Person sein sollte, einige Meter abseits an der Mittelschutzplanke standen noch vier weitere Personen, doch die sahen alle unverletzt aus. Eine Kollegin kam mir entgegen.

»Kannst du eben ein paar Aussagen mit aufnehmen?«

»Ja klar, ich wollte sowieso fragen, wo man euch unterstützen kann.«

Wir gingen zu der Vierer-Gruppe.

Ich nahm eine Frau zur Seite, um sie zum Unfall zu befragen.

»Welche Angaben können Sie denn zum Unfallhergang machen? Sind Sie Zeugin des Geschehens gewesen?«

»Nein, ich bin eine der Ersthelfer. Einige Autofahrer vor mir sind einfach um die Unfallstelle drum herumgefahren, ohne anzuhalten. Sowas kann ich absolut nicht nachvollziehen. Wissen Sie, ich bin Krankenschwester und ich kann gar nicht anders, als in einer solchen Situation zu helfen. Ich habe mitgeholfen, das Mädchen aus dem Auto zu holen. Die andere war schon ausgestiegen.«

»Wo ist denn die andere Fahrzeuginsassin?«, fragte ich.

Sie zeigte auf eine junge Frau, die hinter mir an der Schutzplanke stand, da wo meine Kollegin gerade mit einem Mann sprach.

»Ah ok. Na, dann wird meine Kollegin sicher gleich mit ihr sprechen. Wie war denn der weitere Verlauf?«

»Es kamen mir dann noch weitere Personen zur Hilfe. Die, die jetzt noch bei dem Mädchen sind. Wir haben sie rausgezogen und dann ist sie immer wieder ohnmächtig geworden.«

»Konnten Sie denn mit ihr sprechen, also hat sie was zu dem Unfall sagen können?«

»Nein, also sie meinte nur, sie waren auf dem Weg zum Shoppingcenter und dann weiß sie nicht, was passiert ist. Mehr hat sie nicht gesagt, bevor sie wegkippte.«

»Okay, danke. Wenn Sie dem nichts weiter hinzuzufügen haben, war es das zunächst von meiner Seite«, verabschiedete ich sie.

Mittlerweile war der Rettungshubschrauber über uns und bereit für die Landung. Ich sah wie Oskar und Tino die Autobahn voll sperrten, damit der Hubschrauber sicher landen konnte.

Der Helikopter hatte kaum den Boden berührt, die Rotorblätter noch nicht aufgehört, sich zu drehen, da hörte ich hinter mir wieder eine Ersthelferin brüllen »Was dauert das denn so lange?« Ich wollte dieses Mal aber einfach nichts zu sagen. Der Arzt würde gleich da sein und dann würden alle notwendigen Maßnahmen getroffen werden. Dass sich in einem solchen Moment Sekunden wie Minuten anfühlten und man jegliches Zeitgefühl verlor, war normal.

Aus dem Rettungshubschrauber stieg eine Ärztin mit einer großen Tasche in der Hand aus und kam auf uns zugelaufen. Die Ersthelfer riefen erneut um Eile, da die Ärztin gemächlich auf uns zugelaufen kam. Das konnte ich nun allerdings aber auch nicht ganz nachvollziehen. Es ging hier darum, jemanden zu retten und nicht darum, jemanden zu treffen. Es war nun nicht das erste Mal, dass ich erlebte, wie ein Arzt über die Luft anreiste und jedes Mal bemühten sich die Ärzte, schnellstmöglich zu der schwerverletzten Person zu gelangen. Doch diese Ärztin hatte anscheinend die Ruhe weg.

Aus dem Augenwinkel sah ich Oskar hektisch winken. Genau wusste ich nicht, ob er mich meinte, aber es sah wichtig aus. Da er etwa 100 Meter von mir entfernt stand, rannte ich zu ihm herüber.

»Was ist denn los?«

»Wir haben einen weiteren Einsatz. Ein liegengebliebenes Fahrzeug auf dem linken Fahrstreifen.«

Ein bisschen enttäuscht war ich in dem Moment, weil der Einsatz nur halb so interessant war. Die Gefahr für die Person, deren Fahrzeug versagt hatte, war aber erheblich. Somit war höchste Eile geboten. Wir stiegen in den Streifenwagen und schlängelten uns an den anderen Einsatzfahrzeugen und dem Hubschrauber vorbei. Dann schaltete ich die Sonder- und Wegerechte ein und mit Vollgas starteten wir zur nächsten Einsatzörtlichkeit. Aus diesem Einsatz waren wir entlassen, dass würden die anderen Kollegen alles regeln.

Knappe zehn Minuten später erreichten wir unseren neuen Einsatzort. Wieder Stau. Wie sollte es auch anders sein, immerhin war es Freitagnachmittag.

Wir kämpften uns durch die Rettungsgasse, die an dieser Stelle gut funktionierte und erreichten ein auf dem linken Fahrstreifen stehendes Fahrzeug. Leider mussten wir feststellen, dass es sich nicht um den gemeldeten Liegenbleiber, sondern um ein Fahrzeug handelte, das an einem Auffahrunfall beteiligt war, der wegen des liegengebliebenen Fahrzeuges zustande gekommen war. So viel also zum Thema Gefahr und schnelles Handeln.

Insgesamt waren zwei Fahrzeuge beteiligt. Somit war der Fall der Fälle eingetreten. Den Liegenbleiber fanden wir vor dem zweiten Fahrzeug des Verkehrsunfalls.

Da ich mich im Einsatz davor so wenig einbringen konnte, beschloss ich, diese Einsatzabarbeitung zu übernehmen. Wir stellten den Streifenwagen mit Warnblinklicht ab und schalteten Pfeile nach rechts über unsere TOP-Anlage an, damit die Fahrzeuge hinter uns wussten, dass sie den Fahrstreifen wechseln sollten. Zuerst stand fest, dass die verunfallten Fahrzeuge auf den Seitenstreifen fahren mussten, bevor es zu weiteren Verkehrsunfällen käme. Während ich mich vergewisserte, dass es allen Beteiligten gut ging und mich erkundigte, ob es möglich war, auf den Standstreifen zu fahren, ging Oskar zu dem liegengebliebenen Fahrzeug. Er kam mit wenig erfreulichen Nachrichten zurück.

»Dem ist die Achse weggebrochen. Den kann man nicht mal mehr schieben. Du kannst allen sagen, dass sie hier stehen bleiben können.«

»Okay, mache ich.«

»Ich stell dann mal noch mehr Sicherungsmaterial auf.«

Also ging ich zurück und teilte den Beteiligten mit, dass sie stehen bleiben konnten, weil das Fahrzeug mit dem technischen Defekt nicht rollfähig war. Oskar nahm aus unserem Streifenwagen einige Warnbaken heraus und sicherte uns damit rückwärts ab, sodass zusätzliche Blinklichter die Verkehrsteilnehmer darauf hinwiesen, nach rechts herüberzufahren, und dass sich die Fahrspuren verengten. Wir würden hier wohl noch eine Weile beschäftigt sein.

Ich begann mit der Unfallaufnahme. Hinter dem liegengebliebenen Fahrzeug, bei dem es sich um einen blauen Audi C4, älteres Modell, handelte, stand ein schwarzer Mercedes Benz, an dessen Heck ein Fahrradträger mit einem E-Bike angebracht war. Der Fahrradträger war verbogen und das Fahrrad stand schief in der Halterung. Es war das beteiligte Fahrzeug 02 und nicht das unfallverursachende Fahrzeug. Dieses stand dahinter. Bei dem beteiligten Fahrzeug 01, also dem unfallverursachenden Fahrzeug, handelte es sich um einen schwarzen SUV der Marke Jaguar. Hier waren deutlich mehr Unfallschäden erkennbar. Die gesamte Motorhaube schien sich durch den Aufprall verzogen zu haben. Im Bereich Motorhaube/Windschutzscheibe hatte sogar ein Airbag ausgelöst, sodass die Sicht nach vorne teilweise versperrt war. An der Fahrzeugfront konnte man etliche Kratzer und Eindellungen erkennen. Für dieses Fahrzeug musste ebenfalls ein Abschleppwagen bestellt werden.

Aus Erfahrung weiß ich, dass man immer einige Zeit auf den Abschleppwagen warten muss, es ist also ratsam, ihn relativ schnell anzufordern. Ich setzte die Leitstelle über die Erforderlichkeit von zwei Abschleppwagen in Kenntnis, bevor ich das Gespräch mit den Beteiligten suchte. Zum Unfallhergang war schon mal so viel klar: Der Fahrzeugführer des Jaguars hatte verpasst, rechtzeitig zu bremsen, brachte sein Fahrzeug dadurch nicht früh genug zum Stillstand und fuhr auf das Fahrzeug vor sich auf. Ich musste mit niemanden gesprochen haben, um das zu wissen. Dieser Unfallhergang war Routine.

Ich ging zunächst zum beteiligten Fahrzeug 02. Das wurde von einer Frau mittleren Alters geführt. Ihre 10-jährige Tochter saß auf dem Beifahrersitz.

»Was können Sie mir zum Unfallhergang sagen?«, fragte ich die Fahrzeugführerin.

»Eigentlich kann ich dazu gar nicht so viel zu sagen. Ich habe gesehen, dass dieses Fahrzeug hier vor mir stand …«, sie zeigte auf den blauen Audi, »und dann habe ich eine Vollbremsung durchgeführt. Im nächsten Moment hat es dann schon geknallt.«

Ich notierte mir ihre Aussage und ging zu dem Fahrzeugführer, der den Unfall verursacht hatte.

Nachdem ich ihn darüber in Kenntnis gesetzt hatte, dass er als Unfallverursacher keine Angaben machen musste, wollte er auch keine Angaben machen.

»Ich möchte mich dazu gar nicht äußern. Eigentlich ist das andere Fahrzeug Schuld. So schnell kann man doch nicht bremsen«, gab er an.

Ich musste mir ein Schmunzeln verkneifen. Abstand. Mit ausreichend Abstand wäre ein rechtzeitiger Stillstand möglich gewesen. Ich schaute den Mann an und konnte ihn mir ziemlich gut als Drängler auf der linken Spur vorstellen.

Seine Ehefrau auf dem Beifahrersitz wollte sich ebenfalls nicht äußern. Im Stillen rechnete ich schon damit, dass es für diesen Unfall noch einen Gerichtstermin geben würde, weil dieser Herr der Meinung war, alles richtig gemacht zu haben.

Ich notierte mir seine Angaben und fertigte noch ein paar Lichtbilder zur späteren bildlichen Anschauung. Nun hieß es, auf den die Abschleppwagen warten.

Doch das Timing stimmte. Weniger als fünf Minuten mussten wir warten, bis beide Abschleppwagen fast zeitgleich ankamen. Ruckzuck wurden die Fahrzeuge aufgeladen, sodass wir die Fahrbahn wieder freigeben konnten.

Übrigens, ich hatte mir zwar gewünscht, nicht so lange in der Sonne stehen zu müssen, doch das Glück war heute nicht mit mir. Meine Uniform war mittlerweile mit mir verwachsen. Ich freute mich jetzt schon auf den Feierabend und eine Dusche, um mich wieder sauber zu fühlen.

Wir verlegten zurück zur Dienststelle und ich wollte mein verspätetes Mittagessen zu mir nehmen, weil ich mittlerweile monstermäßigen Hunger hatte und meine Laune dadurch in den Keller sackte. Bei Hunger werde ich erst still und irgendwann schlecht gelaunt. Wir näherten uns jetzt letzterem Punkt. Die Snackriegel, die ich immer als Notfalllösung in der Einsatztasche hatte, waren leider auch schon alle.

Doch Essen war mir heute nicht vergönnt. Ich hatte gerade ein paar Bissen gemacht, als unser wachhabender Kollege erneut rief: »Einsatz. Die anderen sind noch gebunden. Ihr müsst fahren.«

»Was gibt es denn?«, rief Oskar zurück.

»Auffahrunfall, mal wieder. Beide Beteiligte stehen auf dem Seitenstreifen.«

»Ja, wir fahren.«

Also machten wir uns erneut auf den Weg. Keine fünf Minuten dauerte es bis zur Einsatzörtlichkeit. Am Fahrbahnrand standen drei Frauen und zwei PKW.

»Guten Tag. Sind die Fahrzeuge fahrbereit?«, fragte Oskar in die Runde.

Die Fahrzeuge standen ein wenig ungünstig und man könnte an einen besseren Ort verlegen. Alle drei Frauen nickten.

»Gut, dann folgen Sie uns bitte. Wir fahren hier von der Straße runter, da stehen wir sicherer.«

Wir schalteten ›BITTE FOLGEN‹, damit für andere Verkehrsteilnehmer ersichtlich war, dass das Fahrzeug bzw. die Fahrzeuge hinter uns gemeint waren, und führten beide Fahrzeuge auf eine wenig befahrene Nebenstraße.

Nachdem alle aus ihren Fahrzeugen ausgestiegen waren, ging es darum, sich einen Überblick zu verschaffen und festzustellen, wer zu welchem Fahrzeug gehörte.

»Geht es Ihnen gut?«, fragte ich die drei Frauen.

Die Fahrzeuginsassen eines roten VW Polos, Baujahr 2005 waren eine ältere Dame und ihre Tochter. An diesem Fahrzeug waren im Bereich des Fahrzeughecks einige Kratzer erkennbar. Die Kennzeichenhalterung war angebrochen und das Kennzeichen ein wenig verbeult. Wenn man genauer hinschaute, konnte man an dem roten Lack den Umriss eines Kennzeichens erkennen. Das musste die Stelle sein, an der die andere Fahrzeugführerin mit ihrem Kennzeichen an den roten Polo angestoßen war.

»Mir brummt der Kopf. Ich habe einen ganz dicken Kopf. Ich bin auch immer noch ein wenig unter Schock. Irgendwie fühle ich mich nicht so gut. Mein Kopf ist so schwer«, klagte die ältere Dame.

»Wollen Sie einen Rettungswagen?«, hakte ich nach.

»Nein nein, alles gut. Wir werden selbst einen Arzt aufsuchen.«

»Okay, sind Sie denn das Fahrzeug gefahren oder Ihre Tochter?«

»Ich bin gefahren.«

»Aber ich fahre jetzt weiter«, warf die Tochter ein.

»Okay. Und geht es Ihnen gut? Oder ist Ihnen auch nicht so wohl?«, fragte ich sie.

»Ich habe ein wenig Schmerzen im Bereich der linken Rippe, aber das geht schon. Ich lasse das dann gleich mit durchchecken. Wir werden dann gleich zu einem Arzt fahren.«

»Okay gut.«

Die andere Fahrzeugführerin war mit einem schwarzen Kia Sorento unterwegs. In dem Fahrzeug saß ihr 7 Jahre alter Sohn und spielte Gameboy. An dem Fahrzeug war lediglich durch eine Delle im Kennzeichen zu erkennen, dass es an einem Verkehrsunfall beteiligt gewesen ist.

»Und wie geht es Ihnen?«, fragte ich sie.

»Bei mir ist alles gut so weit. Ich merke nichts.«

»Okay und bei Ihrem Sohn alles gut?«

Sie öffnete die hintere Tür. »Geht es dir gut?«, fragte sie ihn.

Er schaute kurz von seinem Gameboy auf.

»Ja«, antwortete er, um gleich darauf wieder auf seinen Bildschirm zu schauen.

»Okay, sollte aber noch etwas sein, dann suchen Sie bitte einen Arzt auf und geben Sie uns Bescheid.«

»Ja, mache ich.«

Oskar notierte sich währenddessen die Daten.

»Was ist denn genau passiert?«, fragte er.

»Wir sind gerade angefahren. Zuvor standen wir in dem langen Stau. Dann hat es auf einmal von hinten geknallt. Ich habe mich ja so erschrocken«, berichtete die ältere Dame.

»Okay.« Oskar schaute in Richtung der Fahrzeugführerin des schwarzen Kias.

»Ich bin angefahren. Hatte vielleicht 30 km/h drauf und auf einmal blieb das Fahrzeug vor mir stehen. Das habe ich zu spät bemerkt und es dadurch nicht mehr rechtzeitig geschafft, zu bremsen.«

»Alles klar, dann möchte ich Sie darüber in Kenntnis setzen, dass Sie bei uns somit als Unfallverursacherin geführt werden. Durch den Landkreis wird ein Bußgeld auf Sie zukommen und Sie sind zunächst erst einmal auch Beschuldigte, weil durch den Verkehrsunfall eine fahrlässige Körperverletzung herbeigeführt wurde.«

»Okay. Und welche Strafe habe ich zu erwarten?«, wollte sie wissen.

»Das kann ich Ihnen so nicht sagen. In den meisten Fällen wird die Strafanzeige wegen Geringfügigkeit fallengelassen. Aber das wird jeweils durch die Staatsanwaltschaft entschieden, nicht durch uns.«

»Okay, dann weiß ich erstmal Bescheid.«

Da beide Fahrzeuge fahrbereit und verkehrstüchtig waren, mussten von unserer Seite keine weiteren Handlungen mehr vorgenommen werden.

Die zwei leicht verletzten Frauen würden einen Arzt aufsuchen. Die andere Frau konnte mit ihrem Sohn nach Hause fahren. Ich fertigte noch ein paar Lichtbilder und dann verabschiedeten wir uns. Es war ein Routineunfall.

Es war kurz nach 19:00 Uhr, als wir die Dienststelle erreichten. In etwa 30 Minuten war Feierabend. Dieser Freitagnachmittag war wirklich verrückt gewesen. Solche Dienste erlebt man hier nicht so oft. Also Dienste, in denen man von ständig von A nach B hetzt und einen Einsatz nach dem anderen reinbekommt. Dafür war diese ländliche Gegend einfach zu ruhig.

Die andere Streifenbesatzung hatte den ganzen Nachmittag mit dem Verkehrsunfall zu tun gehabt. Die Autobahn musste für die Unfallaufnahme längere Zeit voll gesperrt werden. Das führte zu einem langen Stau, dem wir dann unseren letzten Unfall zu verdanken hatten.

Nach einem solchen Dienst ist die Vorfreude auf den Feierabend ungemein groß, weil man einfach weiß, was man in den letzten Stunden geleistet hat. Ich war überglücklich, als der Nachtdienst uns herauslöste und ich endlich heimfahren und meine kalte Dusche nehmen konnte.

Schlusswort

Wie ist es so, ein Buch zu schreiben?

Das habe ich mich immer gefragt, wenn ich dicke Wälzer gelesen habe, die viel Fantasie und Recherche voraussetzen. Nun habe ich mein erstes eigenes Buch geschrieben. Aber habe ich nun eine Antwort auf die Frage?

Nicht konkret, muss ich gestehen. Man sollte sich ein Thema suchen, für das man leidenschaftlich brennt und hinter dem man einhundertprozentig steht, sonst schwindet die Lust irgendwann. Außerdem muss ich gestehen, dass die ersten Seiten wirklich die schwierigsten sind. Aber vermutlich ist das immer so. Wichtig ist, sich Stück für Stück vorzuarbeiten und wenn man mal keine Lust, es hinzunehmen und eine Pause zu machen. Auf keinen Fall sollte man sich unter Druck setzen. Dennoch ist es wichtig, das Ziel nicht aus den Augen zu verlieren und den Fokus aufrecht zu erhalten.

Und warum habe ich ausgerechnet diese Geschichten gewählt?

Es sind die in meinen Augen spektakulärsten Einsätze, die ich erlebt habe, und die besten Erinnerungen an die Zusammenarbeit mit den Kollegen. Klar gäbe es auch noch andere Einsätze, von denen ich hätte berichten können, wie zum Beispiel als mehrere Fahrzeuge auf dem Hof einer Werkstatt in Flammen aufgingen, oder wie wir geholfen haben, nach einem tödlichen Verkehrsunfall auf der Autobahn den Verkehr abzuleiten oder als ein Pkw von jetzt auf gleich in Vollbrand stand. Doch das sind Einsätze, bei denen meine Arbeit nur einen minimalen Teil ausgemacht hat. Mein Vorsatz für dieses Buch war aber von Anfang an klar. Ich wollte nur von Einsätzen berichten, die ich in vollem Umfang erlebt habe und bei denen meine Arbeit als aufnehmende Beamtin gefragt war.

Ebenfalls interessant wäre gewesen, davon zu berichten wie der Zoll, mit dem wir öfter zusammenarbeiteten, ein französisches Fahrzeug anhielt und aus diesem Opel Corsa, Baujahr 1995, zwei Erwachsene und sieben Kinder herauskrabbelten. Klingt herausragend, aber dieser Einsatz kostete uns lediglich anderthalb Stunden Dienstzeit und war nur halb so spannend, wie er klingt.

In diesem Buch ging es mir darum, aus der Perspektive einer Polizeibeamtin zu berichten. Es gibt viele Vorurteile, viel Unverständnis und Hass gegenüber Polizisten. Ich würde mich freuen, wenn ich mit es mir zumindest ein bisschen gelungen ist, unseren Alltag zu vermitteln und das verlorengegangene Image wieder ein wenig gerade zu rücken.

Wenn Menschen mich fragen, was ich beruflich mache, gibt es auf die Antwort meistens zwei Reaktionen. Entweder sie sind erstaunt und sprechen mir ihren größten Respekt aus oder sie sind der Meinung, dass sie auf ihr Worte und ihr Handeln nun besonders achten müssten. In beiden Fällen hat niemand vorher damit gerechnet, dass ich zur blauen Familie gehöre. Manche haben ganz verrückte Fantasien, wenn es um unseren Beruf geht. Dabei ist ein Polizist auch bloß ein Mensch. Ein Mensch, der durch die Straße läuft, im Supermarkt einkauft, in seiner Freizeit seinen Hobbys nachgeht, in den Urlaub fliegt oder auch mal Party macht. Er ist jemand wie du und ich. Unser Beruf macht uns nicht zu etwas Besonderem.

Nun scheint das Jahr 2020 ein Jahr zu sein, das große Veränderungen hervorbringt. Ich kann die weltweiten Proteste und die Bewegung dahinter absolut nachvollziehen.

Es muss endlich mehr passieren, damit Hass, Rassismus und Diskriminierung aus der Gesellschaft verschwinden. Jeder hat das Recht, gleich behandelt zu werden. Anders sein ist immer noch ein Problem, was es heutzutage absolut nicht mehr sein sollte. Trotzdem sollte Gleiches nicht mit gleichem vergolten werden. Das, was teilweise auf den Straßen passiert, ist absolut inakzeptabel. Ich hoffe, dass die Zeit kommen wird, in der auch gewaltbereite Menschen lernen, friedlich Lösungen zu finden. Ich selbst habe zum Glück bisher noch keine solchen negativen Erfahrungen gesammelt, was daran liegen könnte, dass ich noch nie eine Demo besucht habe.

Ich möchte betonen, dass es wichtig ist, nicht alle Polizisten zu verurteilen und den Verstand einzuschalten, um respektvoll aufzutreten. Die negative Einstellung gegenüber der Polizei wird häufig durch im Netz auftauchenden Videos geschürt. In diesen Videos sind meist Momentaufnahmen zu sehen, wie Polizeibeamte scheinbar völlig unverhältnismäßig gegen einzelne Personen agieren. Dabei wird außer Acht gelassen, dass in dem Video nicht gezeigt wird, was vor dem polizeilichen Einschreiten geschehen ist. Natürlich veröffentlichen Menschen, die uns schlecht dastehen lassen wollen, nur das, was uns schlecht dastehen lässt. Jedem von uns ist schon ein Stück weit geholfen, wenn einfach einmal mehr der Verstand eingeschaltet wird, bevor man alles glaubt, was die Medien so präsentieren.

Ich bin Polizeibeamtin und stolz drauf. Jetzt auch Autorin und ebenfalls stolz darauf. Wer weiß, vielleicht war das nicht mein letztes Buch. Doch nun ist es für mich erst einmal an der Zeit, mich neu zu orientieren und in meinem Leben einen neuen Schritt zu wagen. Bald werde ich in einem anderen Bundesland arbeiten, vielleicht habe ich auch darüber wieder ein paar Geschichten zu erzählen. Bis dahin bleib sachlich, unvoreingenommen und trau dich, eine Bewerbung loszuschicken, falls du festgestellt hast, dass es genauso dein Traumberuf ist wie meiner. Du hast dein Leben selbst in der Hand!

Danksagung

Danke für die letzten drei wunderbaren Jahre. Jeder einzelne Kollege hat einen Teil zu meinen gesammelten Erfahrungen beigetragen. Jeder Mensch, den ich während der letzten sechs Jahre getroffen habe, ist ein Teil meiner Reise geworden.

An dieser Stelle möchte ich mich bei meinen Kollegen Paddy B., Ossi B., Sebastian S., Vanny D., Timo G. und Tobi A. bedanken. Mit euch habe ich viele wundervolle Dienste verbracht und spannende Einsätze erlebt, ohne die dieses Buch nicht hätte entstehen können.

Ein Dank geht ebenfalls an Sebastian G., der mich nach dem Studium mit seiner Gewissenhaftigkeit gut eingearbeitet hat. Außerdem möchte ich auch Thorsten K., meinem Anleiter im Praktikum, einen Dank aussprechen. Wir hatten die beste Zeit zusammen und auch wenn du mittlerweile die blaue Familie verlassen hast, wünsche ich dir ganz viel Erfolg bei deiner weiteren Karriere. Außerdem ein großer Dank an meine Freundin und Kollegin Lisa, die sich die Zeit genommen haben, sich meine Schreibversuche zu Gemüte zu führen und mir noch ein paar Tipps mit auf den Weg gegeben hat. Laura, auch du hast mich, soweit es dir möglich war, unterstützt. Dankeschön.

Ohne Christian B., wäre es mir nicht möglich gewesen dieses Buch mit Bildern zu bestücken.

Zu guter Letzt möchte ich noch eine Buchempfehlung aussprechen.

Das Buch »SEK-Ein Insiderbericht« von Peter Schulz bietet nicht nur einen spannenden Einblick in die Arbeit der Spezialeinheit, es diente mir auch als Motivation und Vorlage. Durch ein informatives Gespräch mit dem Autor war es mir möglich wertvolle Tipps zu bekommen. Ich danke dir für dein Vertrauen.

Anlage

Fragen & Antworten

Ist dieser Beruf empfehlenswert?

Es ist mein absoluter Traumberuf. Also kann ich diese Frage nur mit ja beantworten. Doch nichtsdestotrotz sollte man sich vor der Bewerbung ausgiebig mit dem Berufsbild auseinandersetzen und schauen, ob dieser Beruf zu einem passt. Wenn dann in der Ausbildung/ Studium das erste Praktikum ansteht, merken viele endgültig, ob dieser Beruf so ist, wie sie sich ihn vorgestellt haben. Es gibt viele Möglichkeiten bei der Polizei, sodass im Laufe seiner Dienstzeit jeder irgendwo seinen Platz findet. Der Schichtdienst ist halt nicht jedermanns Sache, aber auch dafür gibt es Alternativen. Die finanzielle Sicherheit ist stets gegeben und es fühlt sich tatsächlich manchmal wie eine Familie an.

Wenn man einmal durch den Einstellungstest gefallen ist, kann man es dann nochmal versuchen?

Grundsätzlich gibt es eine zweite Chance. Diese sollte man dann auch durch umfangreiche Vorbereitung nutzen.

Jeden Tag schlimme Sachen erleben, ist das nicht irgendwann frustrierend?

Wie vielleicht deutlich geworden ist, erlebt man nicht nur Schlimmes. Es passieren auch schöne Sachen und Lustiges. Das Schlimme gehört dazu, aber das weiß man, wenn man sich auf diesen Beruf einlässt. Wer glaubt, dass er damit nicht umgehen kann, der sollte vielleicht nochmal über seine Bewerbung oder einen Berufswechsel nachdenken.

Ist die Polizei gut strukturiert?

Ich kann hier nur für mein Bundesland sprechen und muss sagen, dass ich die Struktur nachvollziehen kann und mir so spontan nicht einfallen würde, was sich verbessern ließe. Mich stört ein wenig, dass die Bezeichnungen für Einheiten, Dienststellen, Rechercheprogramme etc. in allen Bundesländern unterschiedlich sind und ebenso die Strukturen. Wer sich Organigramme über den Aufbau der Polizei im Internet anschaut, wird schnell wissen, was ich meine. Auch wenn jedes Bundesland für sich entscheiden kann, wäre eine einheitliche Gestaltung schon allein der länderübergreifenden Zusammenarbeit halber meiner Meinung nach eine bessere Variante.

Wo liegt die Priorität bei einer allgemeinen Verkehrskontrolle?

Bei einer allgemeinen Verkehrskontrolle wird, wie der Name schon sagt: allgemein kontrolliert. Dazu zählt die Überprüfung der mitzuführenden Dokumente, der mitzuführenden Ausrüstungsgegenstände, der Fahrtüchtigkeit des Fahrers und das Fahrzeug an sich. Wie umfangreich man die Kontrolle durchführt, ist jedem Polizeibeamten selbst überlassen. Die Prioritäten setzt also jeder Beamte in seiner Kontrolle selbst.

Was ist das Schlimmste, was man erleben kann?

Ich denke, in diesem Punkt empfindet jeder anders. Schlimm ist ein umfassendes Wort. Ich persönlich halte es für schlimm, wenn jemand vor meinem Augen stirbt oder ich weiß, dass die Person womöglich sterben wird. Aber ich glaube, das Schlimmste wäre, zu erleben, wie ein Kollege vor den eigenen Augen lebensgefährlich verletzt wird. Es ist immer etwas anderes, ob man zu der Person in einer Beziehung steht oder nicht. Wenn eine mir unbekannte Person lebensgefährlich verletzt wird, ist das traurig, aber sie ist nicht Teil meines Lebens und somit ist nach dem Dienst dieser Schicksalsschlag genauso wenig ein Teil meines Lebens.

Was ist das Schönste, was man erleben kann?

Es ist immer schön, anderen zu helfen. Manche Menschen sind über unsere Hilfe so erleichtert. Doch ich glaube, am Schönsten ist es, wenn man jemanden in einem Moment wirklich glücklich machen kann. Es ging mal ein Anruf auf der Wache ein, einige Jahre, bevor ich auf die Dienststelle kam. Ein kleiner Junge hatte seinen Teddy verloren. Die Eltern wussten aber noch genau, wo er liegen musste, und der Kollege, der ihn suchen ging, fand ihn am Ende tatsächlich an der Stelle. Die Freude des Jungen und der Eltern war so groß, dass die Geschichte es sogar ins Fernsehen schaffte.

Sowas ist für mich ein schöner Moment. Wenn sich in den Augen des Gegenübers das Glück widerspiegelt.

Verändert der Beruf einen?

Als ich mit meinem Studium begonnen habe, waren viele meiner Mitstudenten noch nicht einmal 20 Jahre alt. Das merkte man natürlich auch an ihrem Verhalten. Im Laufe des Studiums wurden sie ruhiger und reifer. Ich glaube, dass man bei mir auch eine Veränderung feststellen konnte, die ich aber selbst nicht so wahrgenommen habe. Jeder entwickelt sich ständig weiter und egal, welche Ausbildung oder welches Studium man wählt, es trägt seinen Teil dazu bei. Allerdings habe ich jetzt keine konkreten Ansichten oder Einstellungen geändert, nur, weil ich diesen Beruf gewählt habe.

Entspricht die Arbeit deinen vorangegangenen Vorstellungen?

Das ist natürlich abhängig davon, was man sich vorher so unter dem Beruf vorgestellt hat. Wer an die ganzen TV-Sendungen mit wilden Verfolgungen und Geballere denkt, wird schnell enttäuscht. Jeder Einsatz in der Praxis ist mit späterer Büroarbeit verbunden. Nicht alles ist aufregend und muss trotzdem gemacht werden. Aber ich für meinen Teil bin zufrieden. Ab dem Praktikum war mir klar, dass es genau der Beruf ist, den ich ausüben möchte. In meinen Augen ist es immer noch etwas Besonderes, bei der Polizei zu arbeiten.

Wie fühlt es sich an, eine Uniform zu tragen?

Schwierige Frage. Für mich ist es nichts Besonderes, weil ich sie zu jedem Dienst trage. Eine Uniform macht keine andere Person aus dir und auch keinen Polizeibeamten bzw. Polizeibeamtin. Es sind nur Kleidungsstücke, die den Zweck erfüllen, als Polizist oder Polizistin erkennbar zu sein. Dementsprechend find ich sie auch nicht super bequem, sonderlich schön oder besonders. Abgesehen davon würde im Sommer vermutlich jeder Kollege gern wetterangepasste Kleidung tragen, denn unter Schutzweste, Hemd und langer Hose kann es sehr warm werden.

Wieso trifft man öfter Polizisten mit schlechter Laune an?

Wie mir aufgefallen ist, ist diese Aussage, dass viele Polizisten schlecht gelaunt und unfreundlich wirken, keine Seltenheit. Im Umgang mit meinen Kollegen ist mir allerdings bisher nur aufgefallen, dass die älteren Kollegen manchmal eine mürrische Art an den Tag legen. Ihre Dienstzeit geht langsam auf die vierzig Jahre zu. Sie sehen ihren Job nur noch als Pflicht an und freuen sich auf ihre Pension.

Ich bin jung und weiß nicht, ob ich auch einmal so denken werde, aber ich kann es mir beim besten Willen nicht vorstellen. Wenn man mit sich unzufrieden ist, muss man eben etwas ändern. Es ist nur eine Vermutung, aber vielleicht sind viele ältere Kollegen unzufrieden. Woran das liegen könnte, weiß ich nicht. Aber ich weiß, dass sich junge Kollegen anders verhalten. In meinen Augen ist es unangemessen, dem Bürger mit schlechter Laune gegenüber zu treten. Er kann nichts für eigene Probleme und wer vernünftig auftritt, erwartet Gleiches vom Gegenüber.

Sind Polizisten privat genauso wie im Dienst?

Das kann ich konsequent verneinen. Man erwischt sich schon manchmal dabei, dass man jemanden in einem bestimmten Moment gerne sagen würde, dass sein Handeln nicht in Ordnung ist. Dennoch hat man irgendwann halt auch einfach mal Feierabend und muss die Menschen machen lassen. Das gilt natürlich nicht für schlimmen Straftaten, da guckt man nicht einfach zu. Ich will damit sagen, Dienst ist Dienst. Das Privatleben wird so gelebt, wie man es gerne möchte. Dennoch will ich nicht ausschließen, dass einige Menschen von Natur aus ihr Leben nicht so locker führen wie manch andere. Aber ich trenne Dienstliches und Privates.

Wie lernt man, mit Diskriminierung umzugehen?

Eine Frage, die ebenfalls schwierig zu beantworten ist. Jeder geht anders mit beleidigenden Sprüchen und Kommentaren um. Den einen belastet es, der andere ignoriert es und wer es ganz genau nimmt, schreibt eine Anzeige. Ich für meinen Teil hatte im Dienst noch nie mit Beleidigung oder Diskriminierung zu tun. Vermutlich liegt es daran, dass ich im ländlichen Bereich meinen Dienst versehen habe und nicht in der Großstadt. So richtige Brennpunkte gehörten nicht zu meiner örtlichen Zuständigkeit. Trotzdem gibt es Kollegen, die schon öfter beleidigt wurden. Wie ich damit umgehen würde, wenn ich verbal angegriffen werden würde, kann ich nicht sagen. Theoretisch halte ich Ignorieren für die beste Lösung. Da ich bereits in der Schule mit Mobbing zu kämpfen hatte und da auf Ignorieren gesetzt habe, glaube ich, dass ich auch in diesem Fall gut damit fahren würde. Negative Dinge sollte man einfach nicht an sich heranlassen.

Wie oft muss man seine Waffe benutzen?

Auch das ist stark vom Dienstort abhängig. In einer Großstadt kommt es deutlich öfter vor, dass man die Schusswaffe ziehen muss. Eine Kollegin, die jahrelang ihren Dienst in der Landeshauptstadt versehen hat, meinte einmal, dass sie jedes Wochenende einmal ihre Waffe ziehen musste. Das ist in meinen Augen oft.

Ansonsten hat man ab und zu ein Wildtier, das nachts erlöst werden muss, weil der Jagdpächter nicht erreicht werden kann.

Hat man Angst vor dem Schießen?

Wenn man in diesem Beruf arbeitet, sollte man vor dem Schusswaffengebrauch keine Angst haben. Was bringt es einem, mit einer Waffe herumzulaufen, wenn man Hemmungen hat, sie im Ernstfall zu benutzen. Regelmäßiges Schießtraining und das Trainieren von Reaktionen in bestimmten Situationen sind sehr wichtig. Immerhin möchte sich jeder Kollege auf die Handlungssicherheit seines Partners verlassen können. Natürlich kann man das, was man fühlt, wenn man auf jemanden geschossen hat, nicht trainieren. Das verändert einen sicherlich und hinterlässt emotionale Spuren. Bei manchen mehr und bei anderen weniger. Die Auswirkungen eines solchen Erlebnisses auf mich kann ich auch bloß vermuten.

Wann weiß man, wo man sich in der Zukunft sieht?

Am Anfang ist man glücklich, dass das Studium oder die Ausbildung erfolgreich abgeschlossen ist. Die Dienste verstreichen, man lebt sich ein, lernt dazu und gewöhnt sich an die neuen Dinge. Doch irgendwann kommt der Punkt, an dem man anfängt, sich umzuschauen. Was gibt es noch? Wo liegen meine Interessen? Worin bin ich gut? Darüber sollte sich jeder Gedanken machen, wenn er auf der Karriereleiter aufsteigen will. Doch das ist gar nicht so leicht. Es gibt viele Möglichkeiten innerhalb der Polizei. Mehr Büroarbeit, mehr Praxis, Spezialeinheit, mit Tieren arbeiten, Hubschrauber fliegen oder vielleicht doch noch ein Studium dranhängen. Ich bin mir noch nicht ganz sicher, welchen Weg ich einschlagen werde.

Wie beeinflusst der Beruf das Privatleben?

Das Erste, was mir dazu einfällt, ist, dass eine Partnerschaft sehr schwierig sein kann, wenn einer im Schichtdienst arbeitet, weil es einfach einen Unterschied macht, ob man einen geregelten Tagesablauf hat oder eben nicht.

Es gibt Paare, bei denen beide im Schichtdienst arbeiten, da kann es passieren, dass das Leben an beiden vorbeizieht. Ich glaube, für Paare mit Kindern ist es auch sehr schwierig, weil die Kinder selten Zeit mit beiden Elternteilen verbringen können, außer mindestens einer geht in Teilzeit.

Doch lassen wir mal den Schichtdienst beiseite, denn auch das persönliche Umfeld wird beeinflusst. Einige Menschen, die man einmal als Freunde betrachtet hat, werden irgendwann nur noch als Bekannte eingestuft. Die Ursachen sind dabei auf beiden Seiten zu finden. Der Beruf trägt zu Veränderung bei. Sei es nun bei dir selbst oder bei den Leuten, die dich umgeben.